管人的真理

原书第4版

· 珍藏版 ·

[美] 斯蒂芬·P. 罗宾斯（Stephen P. Robbins） 著

慕云五 尚玉钒 译

Stephen P. Robbins

The Truth About Managing People
Proven Insights to Get the Best From Your Team 4th Edition

对于管理，我们到底想知道什么？什么被证明是行之有效的方法？哪些传统思想其实是完全没有价值的？简言之，管人的最好方法是什么？

现在，世界顶尖管理教科书作者斯蒂芬·P. 罗宾斯教授从最重要的管理学研究中为我们提炼出了62条行之有效的真理和"最好的"方法，连同每章节援引的参考文献，使本书成为一本管理者的"必备用书"。它有助于管理者获得领导、管理、用人方面的实用、可靠并且有效的信息。

Authorized translation from the English language edition, entitled *The Truth About Managing People*: *Proven Insights to Get the Best From Your Team*, 4th Edition, 9780134048437. by Stephen P. Robbins, published by Pearson Education Inc. Copyright © 2015 by Pearson Education, Inc.

All rights reserved. No part of this book may be reproduced or transmitted in any form or by any means, electronic or mechanical, including photocopying, recording or by any information storage retrieval system, without permission from Pearson Education, Inc.

Chinese Simplified language edition published by China Machine Press. Copyright © 2022. This edition is authorized for sale in the Chinese mainland (excluding Hong Kong SAR, Macao SAR and Taiwan).

此版本仅限在中国大陆地区（不包括香港、澳门特别行政区及台湾地区）销售。

本书封面贴有Pearson Education（培生教育出版集团）激光防伪标签。无标签者不得销售。

北京市版权局著作权合同登记　图字：01-2015-6439号。

图书在版编目（CIP）数据

管人的真理：原书第4版：珍藏版／（美）斯蒂芬·P. 罗宾斯（Stephen P. Robbins）著；慕云五，尚玉钒译. —北京：机械工业出版社，2022.8（2024.6重印）
（大师经典）
书名原文：The Truth About Managing People：Proven Insights to Get the Best From Your Team（4th Edition）
ISBN 978-7-111-71124-7

Ⅰ.①管… Ⅱ.①斯… ②慕… ③尚… Ⅲ.①领导学-通俗读物 Ⅳ.①C933-49

中国版本图书馆CIP数据核字（2022）第140659号

机械工业出版社（北京市百万庄大街22号　邮政编码100037）
策划编辑：李新妞　　　　　　　责任编辑：李新妞　陈　洁
责任校对：薄萌钰　贾立萍　　　责任印制：李　昂
河北宝昌佳彩印刷有限公司印刷
2024年6月第1版·第2次印刷
169mm×239mm·15.25印张·1插页·153千字
标准书号：ISBN 978-7-111-71124-7
定价：59.00元

电话服务　　　　　　　　　　　网络服务
客服电话：010-88361066　　　　机 工 官 网：www.cmpbook.com
　　　　　010-88379833　　　　机 工 官 博：weibo.com/cmp1952
　　　　　010-68326294　　　　金 书 网：www.golden-book.com
封底无防伪标均为盗版　　　　　机工教育服务网：www.cmpedu.com

序

坊间从来都不缺少帮助管理者"怎样"最大化管理人力资源的书籍。长期以来，管理者们已经被无数关于管理员工的建议狂轰滥炸了个遍，这些提建议的人包括咨询顾问、教授、财经记者和各类管理"大师"们。不幸的是，绝大多数建议是泛泛而谈，基于意见甚于基于事实。除此之外，有些书过于复杂难解、冗长啰唆，还有些书则充满了大量不切实际的理论。

本书力求简洁，能够满足管理人力资源的实践需求，基于确凿的研究证据而非一般评论。我以管理为主题从事教学和写作超过45个年头，从成千上万篇研究论文中汲取精华，写了这本独特的书，以飨诸位管理者和梦想成为管理者的人。

本书被设计为一本短小、简洁的人类行为研究精要，剔除了术语，只保留干货。读者从中可知管人时哪些行为管用，哪些行为不管用。在过去的版本中，我围绕管理者面对的与人类行为相关的关键领域来组织这本书，包括八个部分：招聘、激励、领导、沟通、团队建设、管理冲突、绩效评估、应对变革。在每个部分中，我明晰地设置了一系列与管理者息息相关的题目，每个题目都由大量研究证据支撑。我还提供了一些建议，希望有助于读者利用文中的信息学以致用，改进管理效率。第 4 版新增了七篇文章，同时，其他文章的研究证据和例子也都做了更新。本版新增主题如下："人际技能"的重要性、不要忽视情商、员工敬业度、成为导师、团队并非总是适用、应对职场越轨行为、培养创造性员工。

这本书的读者是谁？是那些正在身体力行的管理者们，从 CEO 到中基层管理者，乃至梦想成为管理者的人。我之所以写此书，因为我确信，你不必阅读那些充满细节、大厚本的人力资源和组织行为学教科书，就可以学到工作中管人的真理。同样，你也不必参加名牌大学组织的高级经理课程，也可以直达真相。当然，你从本书得到的多与少，取决于你现在的组织行为学方面知识的掌握程度。对于在读 MBA 的人来说，他们可能会发现，本书其实就是他们学了好几个月的课程的一个精要总结。他们看不到复杂的理论和主要研究者的姓名，但是他们会发现本书对研究成果做了精确的翻译。对于那些从未研究过组织行为学或缺乏学术训练的读者来说，本书充满了关于如何管人的深刻洞见。

你会发现本书的 62 篇文章都比较短小，并且彼此独立成章。所以，你尽可以随意安排阅读的顺序，也不必一次读完全书。我设计了多次"速读法"，读几篇，放下，过段日子再接着读。全书并没有一条连续不断的故事线索。

让我用一个显而易见的事实来结束这篇序：每一本书都是一个团队的成果，尽管封面只有一个署名。许多人为你手里这本书做出了贡献，他们是：夏洛特·马约拉纳（Charlotte Maiorana），艾米·尼德林格（Amy Neidlinger），约迪·坎伯（Jodi Kemper），伊莱恩·威利（Elaine Wiley），克里斯蒂·哈特（Kristy Hart），基内尔·布雷兹（Geneil Breeze），阿伦·克莱门茨（Alan Clements），查克·哈钦森（Chuck Hutchinson）和格洛丽亚·史瑞克（Gloria Schurick）。有劳诸君，谨致谢忱。

是为序。

斯蒂芬·P. 罗宾斯

目 录

序

第一篇　招聘的真理

真理 1　"人际技能"的重要性 / 003
真理 2　第一印象十分重要! / 006
真理 3　忘掉个人特质,仍须关注行为 / 009
真理 4　为何雇用聪明人 / 012
真理 5　拿不定主意,就雇有责任心的人 / 014
真理 6　需要友善的员工?基因决定 / 017
真理 7　不要忽视情商 / 020
真理 8　抛弃你对年龄的成见 / 023
真理 9　个性与工作的匹配 / 026
真理 10　聘用适合公司文化的人:你的草,是我的宝 / 029
真理 11　好公民行为和组织绩效 / 032
真理 12　实际工作预览,所见即所得 / 034
真理 13　新员工的组织社会化 / 037

第二篇　激励的真理

真理 14　为什么如今的员工无法激励 / 043
真理 15　与其"尽你所能",不如明确目标 / 046
真理 16　专业工作者喜欢沉浸状态 / 049
真理 17　不是每个人都想得到一份有挑战性的工作 / 051
真理 18　反馈意见要对事不对人 / 054
真理 19　奖励什么,得到什么 / 056
真理 20　都是相对的 / 059
真理 21　认可是不花钱的激励 / 062
真理 22　激励之外 / 065
真理 23　员工忠诚度已经过时,员工敬业度才是真理 / 067

第三篇　领导的真理

- 真理 24　驳领导力的五个神话 / 073
- 真理 25　领导的本质是信任 / 077
- 真理 26　经验不一定管用 / 080
- 真理 27　有效的领导者知道如何心理定格 / 083
- 真理 28　期望什么，得到什么 / 087
- 真理 29　领导魅力能学到 / 089
- 真理 30　魅力不总是优点 / 092
- 真理 31　让他人依赖你 / 095
- 真理 32　成功的领导者是政治高手 / 098
- 真理 33　道德与领导 / 101
- 真理 34　虚拟领导：从远处实施领导 / 104
- 真理 35　代际有差异，管理有区别 / 107
- 真理 36　成为导师 / 110
- 真理 37　依据文化差异来调整你的领导风格 / 113

第四篇　沟通的真理

- 真理 38　听到不等于听懂 / 117
- 真理 39　听一听小道消息 / 120
- 真理 40　男性与女性的沟通差异 / 123
- 真理 41　你做的胜于你说的 / 126
- 真理 42　沉默的价值 / 128
- 真理 43　警惕数字娱乐 / 130

第五篇　团队建设的真理

- 真理 44　使团队有效工作的诀窍 / 135
- 真理 45　2+2 未必等于 4 / 138
- 真理 46　团队多样性的价值 / 141
- 真理 47　我们并非完全平等：地位的作用 / 143
- 真理 48　团队并非总是适用 / 146

第六篇　管理冲突的真理

真理 49　冲突可使团队富有成效 / 151

真理 50　当心群体思维 / 154

真理 51　如何减少工作与生活之间的冲突 / 157

真理 52　谈判与胜负无关 / 160

第七篇　绩效评估的真理

真理 53　年度评估：最好的惊奇就是没有惊奇 / 165

真理 54　不要责备我！自我服务偏见的角色 / 168

真理 55　判断他人：做出更好决策的注意事项 / 171

真理 56　应对职场越轨行为 / 174

第八篇　应对变革的真理

真理 57　多数人会抵触不能给他们带来好处的任何变革 / 179

真理 58　通过参与来削弱变革阻力 / 182

真理 59　培养创造性员工 / 185

真理 60　员工离职可以是一件好事 / 187

真理 61　裁员：不能忽视幸存者 / 190

真理 62　警惕速效策略 / 193

参考文献 / 196

原书第 3 版译后记 / 227

原书第 4 版译后记 / 232

The Truth About Managing People

第一篇
招聘的真理

真理 1
"人际技能"的重要性

是否存在一些决定性的因素，能够促成管理者的成功？拥有哈佛大学或者斯坦福大学的 MBA 头衔呢？拥有在某个领域，例如法律、计算机工程、会计的专业技能呢？我们对这个问题的答案是：是的，确实有决定性的成功因素，那就是好的人际技能，或者说"人的技能"。技术性的技能或许是胜任一项工作的必要条件，但是还远远不够。决定一个人是否受聘、得到长约乃至提升，良好的人际技能扮演着越来越重要的角色。

> 组织倾向于雇用有好的人际技能的人。

人际技能是如何定义的呢？尽管目前尚未形成共识，但是绝大多数定义会包括口头沟通能力、领导力、激励他人的能力、谈判能力、解决冲突的能力和协作能力。除了面对面的交互，这个术语也扩展到虚拟交互，例如虚拟团队和电子通信。越来越多的研究一致认为，组织倾向于雇用有好的人际技能的人，请看下面的例子：

- 1400 个美国的 CFO 被问到同一个问题："有两个面试候选人应聘

会计或者财务职位，他们实在是难分伯仲，以下哪一项表现在你看来是最有价值的：专业技术知识、人际技能、行业知识、高级学位、多语言技能和国际工作经验？"压倒性多数的选项是人际技能。
- 一项涉及330位雇主的调查表明，96%的雇主认为沟通和人际技能是雇员最有价值的特质。
- 一项调研调查了来自32个欧洲国家的500余名商业领导人，他们认为，对潜在的雇员来说，有效的人际技能远比学术学位和商业头脑更有价值。

为什么组织会格外看重雇员具备良好的人际技能？答案在于，工作方式已然巨变。当下的员工越来越被看作协作工作组的一部分。协作的需求更强，与他人交往的需求更强，与他人成功实现良好交互，需要依靠人际能力。除了需要和老板打交道，员工日益发现他更是团队中的一员。作为团队的一员，他不得不参加会议、清晰沟通、扮演一个积极的倾听者、做出反馈、公开发言、与他人谈判，这才彰显出他能够成为团队的一分子。此外，许多员工还会期待与客户、供应商和其他组织以外的人一起工作。不管员工的技术知识有多好，如果他不能与他人合作融洽，其绩效都会受损。

> 当下的员工越来越被看作协作工作组的一部分。

对一般员工而言如此，对管理人员或者渴望成为管理者的人来说更为重要。针对成功的管理者（他们带的团队员工皆有高绩效和低流失率）的多项研究一致表明，他们都具有优秀的人际技能。例如，一项针对美国劳工的国家调查发现，薪资和附加的福利并不是员工喜欢他的工作并跟随雇主的主要原因。更重要的原因是员工工作的性质及其工作环境的支持力度。具有良好人际技能的管理者能够营造轻松、愉悦的工作环境，从而很自然地吸引和留住具有优秀品质的员工。

真理 2
第一印象十分重要！

第一次见面，我们会留意对方的言谈举止，包括体貌特征、服饰搭配、握手的力度、手势姿态、说话的语调等。然后，我们往往会把这个人归入我们心中早就准备好的类别里。最初印象的分类何其迅速，而信息量何其少，即便我们后来又了解了更多的信息，最初印象所占比重仍然较大。这就是我们通常所说的"第一印象"。

心理学家们把第一印象的影响称作首因效应。[一]第一印象对之后的印象造成了影响。当我们评价一个人的时候，我们一定要知道，第一印象的确占了较大比重；此外更重要的是，我们必须明白，第一印象不是非常准确的。

为什么我们如此看重第一印象呢？从根本上讲，因为我们凡事

[一] 美国社会心理学家 A. S. 洛钦斯（A. S. Lochins）于 1957 年以实验证明了首因效应的存在。对于这种因信息输入的顺序而产生的效应的现象，一种解释认为：最先接收的信息所形成的最初印象，构成脑中的核心知识或记忆图式。后输入的其他信息只是被整合到这个记忆图式中去，即同化模式，后续的信息被同化到了由最先输入的信息所形成的记忆结构中。因此，后续的新的信息也就具有了先前信息的属性痕迹。——译者注

都爱找捷径。当我们遇到陌生人的时候，我们希望对他们进行分类和脸谱化，以便于快速地处理和理解关于他们的信息。由于我们往往执着于第一印象，误判就在所难免。当有可能否定第一印象的新信息出现时，人们会倾向于忽视它、歪曲它、想办法找理由重新解释它，甚至对它视而不见、充耳不闻。

关于第一印象的最佳证据来自对求职面试的研究。该研究结果明确证明了第一印象的重要性。更具体来说，就是首先处理的信息比之后处理的信息对形成最终判断起到了更大的作用。

对求职申请人外表的研究亦证实了第一印象的作用。研究者会观察申请人在进行正式面试之前的短暂期间的表现，并考察这些表现给他带来什么评价。这个短暂期间的行为包括：步入面试室、与面试官互致问候、入座、与面试官闲谈。研究证据表明，申请人的行走、谈话、穿着和相貌会显著影响面试官对他的判断。其中，容貌的影响尤其显著，容貌出众的人看起来似乎比相貌平庸的人能胜任更多的工作岗位。

> 当有可能否定第一印象的新信息出现时，人们会倾向于忽视它、歪曲它、想办法找理由重新解释它，甚至对它视而不见、充耳不闻。

如果第一印象是积极正面的，甚至会改变面试的进程。积极正面的第一印象会引导面试官变得和颜悦色、娓娓道来，连事先准备好的带有压迫性的问题也不忍抛出了。

许多研究证实，面试官在面试之后针对申请人给出的评估结论与面试之前的印象的一致程度非常高。也就是说，不管面试中实际发生了什么，第一印象在面试官的最终评估中仍然占了很大比重。而后来的结论没有呈现出与申请人面试时的情况极端相反的信息。

基于相当多的对面试过程的研究，我们发现第一印象对面试的结果影响太大了。一般来说，面试应该是面试官公正地、不带偏见地收集信息的过程，可是事实上面试官往往做不到，他们典型的做法是用面试过程去印证他们获得的第一印象。

> 基于相当多的对面试过程的研究，我们发现第一印象对面试的结果影响太大了。

经理人有办法减轻第一印象带来的影响吗？当然有。首先，你需要尽量避免过早形成判断。在第一次见面时，你要尽量保持中立。在下结论之前花的时间越多，你了解和评价一个人就会越准确。其次，让你的心智处于开放状态。当否定你最初评价的新信息出现时，不要轻易忽视它。你应把早先形成的印象当作作业假说⊖，并且正一步一步验证其准确性。

⊖ working hypothesis，也译为工作假说，是一个有差不多两个世纪历史的术语，意思是出于进一步研究的需要而暂时假定命题正确。——译者注

真理3
忘掉个人特质，仍须关注行为

当你正在为企业寻找合适的人才时，你大概会用下面这些字眼为人才画像：勤奋、雄心勃勃、自信、忠诚、可靠。一番按图索骥之后，你会不会找错了人呢？你会的。问题就出在这些有关个人特质的标签并不能帮你很好地预测出员工未来的工作表现。

多数人坚信，人的某些特质会决定他的行为。我们知道，人在不同的情境下的行为会不同，但是我们倾向于用某些特质把人分出类别来，并根据这些特质做出好与坏的判断，就像自信总是"好的"，而顽固就是"不好的"，进而基于这些指标去评估一个人。经理人常常在招聘中依此做出判断，对在岗的员工也是如此。毕竟，如果管理者的确相信情境比个人特质更能决定行为，那他可以随随便便就把人招进来，然后根据其长处为他建立适宜的组织环境。但是，大多数组织在选拔员工的时候，还是会更强调个人的特质，在招聘中尤其如此。在招聘面试环节中，经理人通过观察和倾听，了解申请人是否具备"好员工"应

> 我们倾向于用某些特质把人分出类别来。

有的"品质"。同样,测试环节会量化出申请人具备"好品质"的程度。

在招聘中唯"个人特质"是从,存在两个问题:第一,组织环境是强情境,会显著影响员工的行为;第二,人的适应性很强,个人的某些品质会跟随组织情境的变化而变化。下面我详述这两点。

在相对弱的情境中,个人特质对行为的影响很强;在相对强的情境中,其影响很弱。组织环境是强情境,其原因是:第一,组织有规则、政策和其他正式的规章制度,这些制度规定了组织允许的行为,对不当行为亦有罚则;第二,组织中还存在一些非正式规则㊀,也能规范行为。由于存在正式的和非正式的组织规则,每个组织成员的个人特质对行为的影响就被减至最小。与此相反,像野餐、聚会之类的非正式活动场合就是弱情境。在这些场合中,个人特质会显著影响行为。

个人特质通常是长期稳定的,但越来越多的证据表明,个人特质会被其参与的组织改变。此外,人们往往会加入多个组织,并适应不同组织的情境。这些组织可能包括社团组织、宗教团体、联谊会、健身俱乐部、政治组织等,当然也包括人们供职的单位,它们容纳了不同类型的成员。所以,个人特质并非一成不变,人

㊀ 通过霍桑实验的研究,哈佛大学梅奥教授提出非正式组织的概念。非正式组织的作用在于维护其成员的共同利益,使之免受其内部个别成员的疏忽或外部人员的干涉所造成的损失。为此非正式组织中有自己的核心人物和领袖,有大家共同遵循的观念、价值标准、行为准则和道德规范等。——译者注

们会根据不同的情境调整自己的行为。举个恰当的例子，你可以在星期天早晨的教堂里表现得安静和被动，而在同一天下午的篮球赛场上大喊大叫，变得极具侵略性。

既然个人特质不能很好预测未来雇员的行为，那么经理人怎么办呢？答案是，鉴往知来！对个人未来行为的最佳预测指标是其过去的行为。因此，在面试时，你应当了解申请人过去的经历，尤其是与目标岗位工作相关的经历。你可以这样提问："您以前做过哪些工作是足以展现您的创造力的？"或者"在前一个工作岗位上，有哪些工作是您非常想实现，但最终没有完成的？为什么没有完成？"你要问"您是如何处理的"而不要问"您会如何处理"。

> 对个人未来行为的最佳预测指标是其过去的行为。

真理 4
为何雇用聪明人

　　智力问题比其他问题更容易引起激烈的讨论和争议，比如这几个问题：智商测试能反映智力水平吗？智力是习得的还是遗传的？聪明的员工会比一般员工更成功吗？

　　聪明程度与工作绩效之间有关联吗？换句话说，聪明人会比他不太聪明的同事有更好的工作表现吗？对于这个问题，众说纷纭，却常常缺乏过硬的证据。下面几条结论都有很好的证据支持：① 智商分数与聪明程度极为匹配，我们日常语言中说的"极具智慧"的人和"一般聪明"的人相比，智商确有高下之分；② 智商在人的一生中一般都是稳定的，只有极少的例外；③ 规范的智商测试不会因社会、经济、种族、种群不同而有明显的偏向；④ 通常，更聪明的人工作会更出色。以上这些结论可能令你不快，或与你的观点相左，但是它们无不来自有力的研究证据。

　　做任何工作都需要动脑筋，也离不开认知能力。何出此言？因为工作中我们需要推理和决策。当我们遇到全新的、模糊的、变化的工作挑战，就更需要较高的智商，某些职业尤其如此，例如会计师、工程师、科学家、建筑师和医生等。在中等复杂程度的工作中，例如手工艺和警察工作，智商也很关键。至于那些无须技能的工作，由于只进行常规决策、解决简单问题，智商就不那么重要了。

智力水平显然不是影响工作绩效的唯一因素，但通常是最重要的因素。预测一个人的工作能力，与其看重他的入职面试、个人背景资料和大学成绩单，不如看重他的智商。不幸的是，智商多半是天生的，决定个人智商的因素七成以上来自遗传。因此，用智商测试来选拔员工常常会遭到非议。以下由研究得到的成果令批评家们非常不安：不同种族的平均智商是不同的，智商与经济水平正相关。因此，批评家们认为智商测试存在歧视性，应该弃用。可是，强有力的研究证据表明智商测试并不存在对任何特定群体的偏见，甚至测试结果在很大程度上是不受测试主体控制的。

> 通常，更聪明的人工作会更出色。
>
> 做任何工作都需要动脑筋，也离不开认知能力。

我们的结论与达蒙·鲁尼恩（Damon Runyon）的名言相映成趣："尽管最快的和最强的并不见得总能赢得比赛，但我们总会把赌注押在他们身上。"在其他条件相同的情况下，那个最聪明的人就是你想找的最合适的员工。

真理 5
拿不定主意，就雇有责任心的人

每个人的个性都不一样：有的人外向，有的人内向；有的人很放松，有的人容易紧张。

经过大量的调查研究，人们发现可以用五个基本维度来解释人类的不同个性。它们分别是：

外倾性（extroversion）——是外向（乐于助人、好交际）还是内向（缄默、羞涩）。

随和性（agreeableness）——是和蔼可亲（合作、信任）还是不随和（难相处、对抗性）。

责任心（conscientiousness）——是有责任心（负责、组织性强）还是缺乏责任心（靠不住、无组织性）。

情绪稳定性（emotional stability）——是坚定（沉着、自信）还是不安（焦虑、缺乏安全感）。

经验的开放性（openness to experience）——对新事物是具有开放心态（创新、求知欲）还是封闭心态（因循守旧）。

这五个人格维度与工作绩效之间有什么关系呢？大量的研究发现，只有责任心一项与工作绩效有最显著的关系。特别值得一提的是，这项预测指标适用于不同类型的工作，包括专业性职业（例如工程师、会计师、律师）、警察、销售人员等，还包括对技能要求不高的工人。

> 责任心指标适用于预测不同类型的工作绩效，从专业性职业到警察、销售人员和对技能要求不高的工人。

对高度程式化的工作而言，责任心是很强的绩效预测指标。然而，对需要很高智慧水平的复杂工作而言，责任心只是一个较弱的绩效预测指标。如何解释这种差别呢？曾有人提出，这可能取决于如何衡量程式化工作的绩效。这些工作的绩效通常并不取决于决策的能力。相反，其重点在于工作表现的时间因素和下面所列出的与责任心相关的行为方面。

一个有责任感的人，通常也是可靠的、可信的、谨慎的、周密的、有计划的、有组织意识的、不辞劳苦的、坚韧不拔的、成就取向的。在大多数职业中，这些属性一般都会产生好的工作绩效。此外，研究表明，责任心的力量穿越了国界。例如，一项研究综述涵盖了15个欧洲国家的人，结果发现，责任心是工作绩效的有效预测因素，不论是什么工作，也不论处于什么职业群体中。

> 建议你尝试雇用责任心得分高的人。

所以，如果你忘掉了本书真理3"忘掉个人特质，仍须关注行为"的结论，试图寻找一项与高绩效相关的个人特质，那么你可以尝试雇用责任心得分高的人。然而，在此我必须提醒的是：责任心更强，工作绩效不一定会更好。研究证据表明，极度负责的人的工作绩效不见得比责任心一般的人的工作绩效要好。

我们对责任心的强调，当然不意味着其他人格指标不能跟特定的工作相关。例如，有证据表明外倾性是管理和销售岗位绩效预测的好指标。这很容易讲得通，因为这类岗位需要较多的社会交往活动。

一些读者可能会很惊讶，为什么高情绪稳定性不是决定工作绩效的关键因素？直觉告诉我们，对于大多数工作岗位来说，一个冷静自信的人总会比一个焦虑不安的人干得更出色。进一步的研究表明，情绪稳定性高的人，工作一般很稳定，上述研究的范围恰恰局限于此。换句话说，那些情绪不太稳定的人，不太容易被雇用，即便被雇用了，他们往往也干不长。

真理 6
需要友善的员工？基因决定

美国西南航空公司的高管们发现了一个被许多经理人忽视的事实，即人的友善和乐观是天生的。美国西南航空公司确信，试图通过培训让人表现得更友善，同时能够提供礼貌而亲切的服务，是很难办到的。所以，该公司就着眼于选人而非育人，通过招聘过程，排除那些天生就不怎么乐观和外向的人。谷歌、苹果和四季酒店也很类似，它们都是以心态录用员工的典范企业。

许多工作岗位都需要员工具有积极正向的性格才能做得更好，比较典型的包括民航空乘人员、零售店员、推销员和客服人员。许多管理者为上述职位选人的时候，都相信积极快乐的员工是可以培养出来的，他们花费许多时间和精力去设计工作激励办法、改善工作条件、提供有吸引力的薪酬和福利计划，以期员工会变得亲切而乐观向上。除此之外，他们还会花费巨额资金培训他们，期望重塑他们的行为模式。遗憾的是，这些努力多半会付诸东流，目标无法实现。

> 研究发现，人们快乐与否取决于基因的程度在 35%～50%，甚至会达到 80%。

为什么会这样呢？因为一个人是否快乐，本质上取决于他们的基因结构。研究发现，人们快乐与否取决于基因的程度在35%~50%，甚至会达到80%。

关于这个主题，有一项非常有趣的研究，即对同卵双胞胎分离抚养的行为比较研究。环境是不是塑造个体性格的首要因素呢？您可能会认为，在差异很大的两个家庭中长大的一对双胞胎，其行为表现也会有很大的差异吧。下面这个实例却并非如此。有一对双胞胎，他们分离已经39年，他们成长的家庭相距45英里（1英里＝1.61千米）。但是，他们选择了同样颜色和样式的汽车，习惯选择同一品牌的香烟，给他们的宠物犬起了同样的名字，就连定期度假地的选择也几乎一致：1500英里之外的同一片海景社区，只隔了三个街区。通过对这类实例的考察，研究人员认为同卵双胞胎个体之间性格相似度大约50%取决于基因。

> 个体对生活的态度终其一生皆能保持，对工作的态度也是如此。

一项持续观察超过50年的关于个体满意度的研究发现，个体满意度在如此长的时期内，令人吃惊地保持了稳定一致。即便在这期间，这些研究对象换了工作单位，甚至改了行。该研究和其他研究证据都表明，终其一生，个体对生活的态度在很大程度上取决于他的基因结构，当然，对工作的态度也是如此。

美国西南航空公司的例子值得效法。如果你需要快乐的员工，就把注意力放在招聘的环节吧。把那些消极的、不适应环境的和胡搅蛮缠的应聘者挡在公司门外，因为无论这些人做什么工作，他们的满意度都不会高。具体怎么办呢？建议你重视个性的测试、让面试更深入，同时还要认真检视应聘者的过往工作记录。

真理 7
不要忽视情商

在过去的 20 年中，涌现出无数的管理话题，但是很少有像情商这个话题一样臭名昭著的。那么，情商的恶名到底冤不冤？首先，让我们搞明白情商究竟是什么。其次，让我们看看研究证据。

情商（EI）指一个人察觉和管理情绪诱因（emotional cues）和信息的能力。它分为五个维度：

- 自我意识：能够意识到自己情绪的能力。
- 自我管理：控制自己情绪和冲动的能力。
- 自我激励：坚强面对挫折和失败的能力。
- 同理心：感知他人情绪的能力。
- 社交技能：处理他人情绪的能力。

情商高的人，不仅了解自己的情绪，而且对情绪之诱因也如人饮水，冷暖自知。例如，他们知道自己发怒的原因，也能在不突破常规的情况下，恰如其分地表达自己的情绪。早期情商支持者认为，人们了解自己的情绪，同时也能很好地读懂他人的情绪，这应该使工作更有效率，尤其是对那些社会互动性有较高要求的工作。

一些早期的研究对此给予了支持。例如，有一项员工特质研究，研究对象是阿尔卡特朗讯的工程师们推选出的明星级工程师。研究者的结论是，明星工程师们的人际关系都较同事们更出色。也就是说，情商，而非智商，才是他们良好表现的表征。另一项研究对象是美国空军中负责招聘新兵的人员的研究，同样得出了相似的结论。最优秀的募兵人员表现出高水平的情商。利用这项发现，美国空军还修订了选拔人才的标准。后续的调研发现，情商高的人的业绩是情商低的人的2.6倍。应用情商选拔，美国空军募兵人员的流失率降低了九成。

> 情商高的人，了解自己的情绪，同时也能很好地读懂他人的情绪。

另一个颇有启发性的研究，是考察从富兰克林·罗斯福到比尔·克林顿，11位美国总统的成败。以六项特质来研究，包括沟通能力、组织能力、政治技巧、想象力、认知方式和情商。研究发现，决定总统成败的最关键特质就是情商，高情商的成功总统有罗斯福、肯尼迪和里根，而约翰逊、卡特和尼克松是不成功的低情商总统。

综上所述，第一，相对于一些早期的预测，情商还没有被证明是"工作绩效的单一的、最重要的预测指标"，情商热的炒作成分大于它的实际作用。第二，对预测工作绩效而言，情商的位次已经排在认知能力和人格之后。智商，特别是责任心才是更重要的预测工作绩效的指标。第三，情商不仅仅是智力和个性。相反，一些人声称，情商带来了独特的对未来工作绩效的有效预测。这些证据清楚地表明，当添加到智力测验和责任心的得分上之后，情商提供了工作绩效的改进预测。第四，情商已被发现与工作满意度和工作的承诺是正相关的。第五，情商得分高的管理者已被证明有涉及多元文化的能力。也就是说，情商预测了管理者是否会很好地工作在不同的文化中。

情商预测逊色于智商和责任心。 这一切都表明，雇用具有较高情商的管理者和员工，组织可能受益。但是，情商应该被看作是工作绩效的一个辅助性的预测因子，逊色于智商和责任心。

真理 8
抛弃你对年龄的成见

人们对老龄员工（比较典型的定义指 55 岁以上）常有许多负面的判断。比如：老龄员工缺乏上进心；不能学习新的技能；缺乏灵活性；固执己见；与比自己年轻的领导较难共事；比年轻的同事工作效率低；认知能力下降；由于病假多，不能保证全勤。事实上，这些判断是不正确的。

为什么管理者必须克服自己对老龄员工的年龄成见？理由非常简单，劳动力的老龄化是必然趋势，管理者必须认识到这一点，要预料到将来一定会同老龄员工共事。即便不考虑法律对年龄歧视的规定⊖，年龄歧视问题也应引起管理者的重视。事实上，美国和其他

> 劳动力的老龄化是必然趋势，管理者必须认识到这一点，要预料到将来一定会同老龄员工共事。

⊖ 1969 年，美国老人学家巴特勒用 Ageism 这个新词描述对老年人的歧视，如同性别歧视、种族歧视。而美国在 1967 年就颁布了《雇用中的年龄歧视法》，该法案保护大龄公民的就业机会，1986 年的修订更是把 1978 年修订的 70 岁的保护上限取消，变为无上限。——译者注

工业化国家的劳动力正在趋于老化。作为管理者，你极有可能雇用老年人、与老年人共事，以及为老年人工作，如果继续保持错误的成见，会严重损害彼此的关系。下面我们看看研究证据。

经济衰退即将到来，即便如此，越来越多的婴儿潮一代的人表示他们希望推迟退休，而最近的经济态势也表明，将他们留在劳动力大军中，越来越有必要。

许多人相信劳动生产率是随年龄日趋变老而衰退的。乍一看，这种说法可能是符合逻辑的。随着我们一天天变老，我们的视力和听力会减退，肌肉力量、身体的敏捷度和反应时间也会大不如前。但是，这些不利因素并不必然导致工作绩效不佳。丰富的工作经验、更好的判断力和良好的职业道德会弥补身体因素的不足。一切研究证据皆表明，年龄和工作绩效之间是不相关的。事实上，工作绩效通常是随年龄增长而改善的，相反的情况极少。为何如此？有种解释或许很有道理，老龄员工通常都会有较长的任期，之所以能长期任职，是因为他工作出色。研究证据也表明，在同一年龄组内工作绩效的差距要远大于不同年龄组之间的差距。也就是说，同一年龄组内个体的差异才更能够预测工作绩效。

我们接着考察认知能力、缺勤率、人员流动率和学习能力等因素。通过对一组年老员工和一组年轻员工做客观测试，对照研究表明，两组的认知能力没有明显的差异。其中，老年组的认知能力稍逊，然而却并不影响工作绩效。老龄员工好像用他们的经验来应对和补偿其与年龄有关的认知能力不足。

有关缺勤率的研究结果是含混的。大多数研究表明，缺勤率随年龄增加而递减，最近一项测试发现，缺勤分可以避免与不可避免两种情况，把两者混同起来并不公允。通常，老龄员工比年轻员工可避免的缺勤较少。然而，在不可避免的缺勤率方面两者是相当的，例如病假。

在人员流动方面，研究证据是明确的：人岁数大了是极不情愿放弃工作的。当然，这是意料之中的。老龄员工工作稳定有下列原因。当员工岁数大了，由于技能更趋专业化，可以选择工作机会的余地就不大了。此外，由于工龄比较长，他们的薪酬水平高、带薪假期长，还有一份有吸引力的退休津贴。

> 一切研究证据皆表明年龄和工作绩效之间是不相关的。

最后，老龄员工的学习能力如何？研究证据也是含混的。老龄员工能够学习新技能，但是培训的效果较年轻人要来得慢。证据也表明，培训的形式会影响培训的效果。有些培训方法，例如主动参与型的、模块化的和自定进度学习，看起来对老龄员工是更有效的。

真理 9
个性与工作的匹配

如何增进新员工的满意度并减少他们辞职的可能性呢？有许多强有力的研究证据表明，你应该选择那些个性符合岗位要求的求职者。

我们定义了六种个性类型。研究证据有力地支持：符合自己个性的工作是最令人愉快的。这六种个性类型是现实型、研究型、社会型、传统型、企业型、艺术型。

> 符合自己个性的工作是最令人愉快的。

现实型（realistic） 这类人喜欢需要技能、力量与协调的体力型工作。他们的个性特征包括羞涩、真诚、固执、稳定、遵从和实际。与此个性匹配的工作包括机械师、钻床车工、流水线工人和农夫。

研究型（investigative） 这类人喜欢从事思考、构建和理解类的工作。他们的个性特征包括善于分析、有独创性、有好奇心、有主见。与此个性匹配的工作包括生物学家、经济学家、软件工程师、数学家和新闻记者。

社会型（social） 这类人喜欢帮助和促进别人改善。他们的个性特征包括好交际、有亲和力、善于合作、善解人意。与此个性匹配的职业包括社会工作者、教师、顾问和临床心理学家。

传统型（conventional） 这类人喜欢做符合规定的、有序的和明确无疑的事。他们的个性特征包括遵从、高效、实际、缺乏想象力、执着。与此个性匹配的工作包括会计师、企业管理者、银行柜员和档案管理员。

企业型（enterprising） 这类人喜欢口头表达，一旦有机会就会说服其他人，并谋取权力。他们的个性特征包括自信、雄心勃勃、精力充沛、盛气凌人。与此性格匹配的工作包括律师、房地产经纪人、公共关系专家和小企业主。

艺术型（artistic） 这类人喜欢模棱两可的、非系统性的、允许创造性表达的活动。他们的个性特征包括富于想象力、无序、理想主义、情绪化、不切实际。与此性格匹配的工作包括画家、音乐家、作家和室内设计师。

研究证据表明，当人们的工作与其个性适合，他们通常会很满意，极不可能自动辞职。正如社会型的人会倾向于做社会型的工作，传统型的人会倾向于做传统型的工作，如此等等。此外，不同个性可以被概念化为一个"个性圆"，在这个圆圈上排列次序为：现实型、研究型、艺术型、社会型、企业型、传统型，然后又回到现实型。研究发现，在这个圆上相邻的两种个性类型，可互换各自所适合的工作。那么，一个现实型的人

> 管理者应当在招聘面试过程中评估申请人的职业兴趣。

从事研究型的工作比他从事社会型的工作显得更合适，同时他也会更满意。

我们的结论是，管理者应当在招聘面试过程中评估申请人的职业兴趣。当兴趣与岗位要求成功匹配时，招对人的可能性就很大，申请人也会安心留在组织中。

真理 10
聘用适合公司文化的人：
你的草，是我的宝

管理者决定聘用一个人，多半基于对其工作技能的判断，然而事后常常发现自己当初的判断并不准确而追悔莫及。当然，衡量一个人是否是"好员工"，技能因素的确是重要的，但不应该因此而低估组织文化扮演的角色，这一点往往决定了新雇员的成败。

对员工绩效的评价具有很多主观成分。看看老板和同事们是怎么说的："小李不合群吧""小谢这样冒险有必要吗？""老刘有点儿争强好胜。"这些话的含义是正面的，还是负面的？这在很大程度上取决于被评论的员工融入组织的程度。良好的个人—组织匹配度是员工获得最佳评价的充分保障。

> 我们不应该低估组织文化在决定新雇员的成败时所起的作用。

组织文化是一个意义共享系统，它表达了大多数组织成员公认的核心价值。例如，爱尔兰瑞安航空公司（Ryanair）的组织文化的核心是进取心和竞争意识。与此相反，强生公司（Johnson & Johnson）的是公社文化，它强调浓浓的家庭感，其主张信任与忠诚。瑞安航空公司的一个典型"好"员工，其行为举止与强生公司的典型"好"员工截然不同。同样，沃尔玛（Walmart）沉迷于成本最小化，也创生出不同的文化，它吸引和培养的是与诺德斯特龙公司㊀不同文化类型的员工，后者的文化源于对客户服务的承诺。

作为管理者，在物色新员工的时候，应该评估他们与组织文化的适配程度，并将此作为重要的依据。新员工的价值观能完全适应组织文化当然最好，否则，至少也要大部分匹配。如果在一开始你就牢牢地把握了公司的组织文化和奖励原则，你就能很好地用自己的方法确定候选人是否合适。你可以通过提问题和观察的方法，重点考察以下方面：① 创新意识和冒险精神；② 有大局观还是只关注细节；③ 着重方法还是结果；④ 团队导向还是个人主义；⑤ 有进取心和求胜心还是逍遥自在；⑥ 安于现状还是谋求发展。上述六个方面是识别组织文化的基本要素。

The Limited 是一家拥有 260 个商店和 5000 名员工的女装零售商。这家公司使用一种软件来帮助管理者挑选新员工。该软件可分析 39 种行为特质，依据该公司已经发现的表征高绩效的那些文化特点完成机器匹配。该公司人事经理指出，将候选人分成四组，得分靠前的两组人的流失率要远远低于后两组人。

㊀ Nordstrom，美国高档百货零售连锁店。——译者注

如果你误将不适合公司文化的人选了进来，会出现什么情况呢？很可能他们会缺乏工作的积极性，缺乏认同感，对工作和公司不满意。与那些认同组织文化的员工相比，不适合公司文化的员工也许实际表现是相当的，但他们获得的绩效评价会较低。那么，不出所料，这些"离群索居"的人的流失率就会很高。当意识到与组织环境不适配，绝大多数人都会认为别处自有适合自己的工作，在那里说不定还会获得赞赏呢。

真理 11
好公民行为和组织绩效

不管你将员工工作描述文件写得如何详细和精确,也很难捕捉到所有的细节来确保任务的出色完成。事实上,当员工作为工会成员而实施"合法怠工"时,就是按照劳动合同规定的最低限度去工作的,这种行为起到了降低生产的作用,是一种罢工策略。我讲"合法怠工"的例子,就是想说明,除了有助于提高员工绩效需要的因素,工作还是有自愿的成分的。

大多数管理者都期望员工在做好本职工作之外还有更多的表现。他们总是希望看到员工能给他们意外的惊喜。一个员工在正式工作范围外的自发行为,对公司运营的提升产生了益处,那么他就被称作企业中的好公民。在眼下许多公司里,工作是弹性的、流动性的,完成一个项目大多经由团队而非单打独斗。通过员工工作描述文件来说明所有必要的工作任务也变得越发困难。所以,管理者希望人人都能表现出好的组织公民行为(OCB)。

怎么理解好的组织公民行为呢?打个比方,它就像岗位描述中出现的裂缝的填缝剂,但是却帮助组织实现了目标。它是员工自己选择做的、对工作有利的事情。具体而言，好公民行为包括：① 针对所在的部门或者公司，提出建设性的意见或建议；② 帮助团队中的同事；③ 志愿参加额外工作；④ 带头学习新技能；⑤ 避免不必要的冲突；⑥ 爱惜公司财物；⑦ 尊重并领会规章制度；⑧ 面对临时强加的工作或者非常麻烦的事务，不愠不火，优雅处之。研究表明，如果组织成员表现出好公民行为，组织的绩效会提高。

> 管理者总是希望看到员工能给他们意外的惊喜。

那么，管理者怎样才能激发员工的好公民行为呢？答案有两点：① 给予员工自治权，对待员工应公平公正；② 为了表现出组织公民行为，员工需要自治权。这为他们做额外的工作和去帮助别人提供了时间上的自由和决策上的自由。

> 如果组织成员表现出好公民行为，组织的绩效会提高。

此外，当员工相信组织对自己工作成果的评价、获得的待遇和议事程序是公正的时，他们就会对组织不吝美言，就会乐于助人，就会额外付出。如果管理者和公司确实做到了，那么员工的信任感还会进一步强化。只有对组织和管理者产生信任，员工才会有意愿多做事情。

真理 12
实际工作预览，所见即所得

回忆一下您最近一次求职面试的情景吧。当面试官提问结束之后，他是怎样向你介绍这个职位和这家公司的呢？这时候，大多数经理人只会大力介绍正面的信息。他们会说这个工作多有趣，团队氛围是多么友好融洽，有很好的晋升机会，待遇也很不错，等等。即便他们明明知道这份工作和这个组织中的负面信息，也会小心翼翼地避免提及。是啊，为什么非得把丑话说在前头，而将一个优秀的求职者吓跑呢？

大概是担心求职者会受不了负面信息的打击而当场放弃，所以经理人在面试时通常只拣好的说，然而这样做是不对的。正如对2300名新聘用员工进行的调查所证明的，他们主要抱怨新工作的不切实际，以及与起初了解到的工作场景大相径庭。例如，他们希望知道自己应聘岗位的员工流失率情况、真实的出差需求、实际工时和该公司实际的财务状况，能看到一份正式的职务说明，并能详尽地了解团队结构和团队氛围。糟糕的是，经理人只告知正面信息。新员工在入职几个星期或一个月后发现了被隐瞒的真相，然后愤然离职。这时候，我们发现当初花在浏览申请材料和面试上的时间白白浪费了。何必如此呢？

为避免这样的情况，聪明的经理人当然不会这样做，他们会采用"实际工作预览"（realistic job previews）。

> 经理人在面试时通常只拣好的说，然而这样做是不对的。

通过实际工作预览，求职者在签约之前就能够更真实地了解情况，包括负面的和正面的。而与此完全相反的是经理人常用的典型工作预览，字斟句酌，介绍工作或者组织中好的一面。这只会使求职者形成错误的预期。没有哪份工作和哪个组织是尽善尽美的。如果你在一开始就坦率地对待求职者，那么你更有可能留住你的新员工。

为什么实际工作预览会降低离职率？证据表明，这种开诚布公的做法会使求职者对组织的诚信产生更多的好感。

> 如果你在一开始就坦率地对待求职者，那么你更有可能留住你的新员工。

如果求职者得到的信息是被极度夸大的，那么接下来会发生一系列的事情，并且会对组织造成潜在的不利影响。首先，那些不合适的求职者很可能因对工作不满而离开，而通过正常的招聘流程，根据求职者的自由意志，他们是不会被招进来的。其次，负面信息的缺乏会让求职者建立不现实的预期。如果他们被聘用了，这些新员工有可能很快就会失望。接下来，这会导致员工满意度降低，他们会比预期更早辞职。最后，当新员工亲眼见到工作的不如意之处时，易导致幻想的破灭，从而不愿意承担组织的责任。在招聘过程中，大概没有人愿意受骗吧。

实际工作预览平衡了有关工作的正面信息和负面信息。例如，除了告知正面情况，经理人可以告诉求职者：在工作时间跟同事聊天的机会会很少，工作量不稳定，在繁忙时期员工的工作压力相当大。

证据表明，经历过实际工作预览的求职者，对其未来的工作抱有较低的且较实际的预期，并且能为积极应对工作和令人沮丧的情况做好更充分的准备。这样的话，意想不到的辞职会很少发生。然而，只呈现工作的积极面，从而诱使求职者加入组织，就会像一场双方都会很快后悔的婚姻。

真理 13
新员工的组织社会化

每个美国海军陆战队的士兵都必须经历十几个星期的新兵训练营生活，在那里，他们将"证明"他们的忠诚和献身精神。同时，教官们会以"海军陆战队之道"教导这些新兵。[○]与此类似，星巴克会对新员工进行 24 小时的培训，但没有新兵训练那么复杂，培训内容包括星巴克哲学、公司术语和星巴克咖啡生意的本末。

无论美国海军陆战队还是星巴克公司，它们都采用正式的培训课程，完成对新成员的组织社会化（socialize），帮助员工适应组织文化。为何如此？因为无论组织的招聘和遴选工作多么到位，仍然无法使新成员完全领会组织的文化。实施组织社会化，可以使局外人变成自己人，使新成员的行为满足管理人员的要求。

○ 德国《明镜》周刊 2009 年年底报道了位于美国南卡罗来纳州帕里斯岛的海军陆战队新兵训练营，这里素有"战争机器制造工厂"的称号。每年都有大约 2.1 万名新兵在这里接受 12 周的高强度训练，以转变成合格的士兵。一名教官说："我们首先要使他们全面崩溃，再重建他们的信心。""参加军队后，'我'或者'我的'这样的词汇，将不存在于每个士兵的字典中。"——译者注

新人入职后，你可以采取四种方法对他们进行行为的塑造。

实施组织社会化，可以使局外人变成自己人，使新成员的行为满足管理人员的要求。

（1）用正式还是非正式的组织社会化形式　把新成员从他即将从事的工作环境中隔离开来，这种隔离某种程度上会凸显新人的身份，这就是正式组织社会化形式的特点。美国海军陆战队和星巴克的定向培训课程即属此类。直接安排新成员上岗，不加以特别关注，就是非正式组织社会化。

（2）组织社会化采取个人单独培训还是集体进行　大多数新成员的组织社会化是单独进行的。当然，他们也可以被集中起来进行新兵营那样的集训。

（3）采用有序还是随机方式进行组织社会化　有序组织社会化的特征是利用榜样来培训新成员，例如学徒制和正式导师制。而在随机组织社会化中，榜样被刻意规避，需要新成员自己慢慢理清头绪。

（4）采用授予式还是剥夺式组织社会化　采用授予式，即假定新成员的素质和资质得到了组织的确认和支持，能够满足胜任这项工作的要求。剥夺式相反，新成员身上的某些特征是要被去除的。例如大学中的兄弟会和姐妹会⊖，他们的"入会宣誓"其实就是一

⊖ fraternity and sorority，这两个词来自拉丁文，就是 brother 和 sister，一般指美国大学本科或高中里的某些学生社团，其活动对外保密，吸纳单一性别、对某一学术或业余爱好有共同兴趣的成员。由于其徽标名称常用希腊文，也称希腊字母会。——译者注

种受辱剥夺式组织社会化。通过宣誓，新成员会被塑造成某种适当的角色。

一般说来，如果组织社会化的过程采用正式的、集体的、有序的和强调剥夺的形式，那么员工和个人观点就可能会被同一化，取而代之的是标准化的可以预期的行为。与此相反，若组织社会化的过程采用非正式的、个人的、随机的和授予式的过程，就会形成自主型的员工。所以，管理者可以把组织社会化当作一种工具，既能塑造出尊奉传统和习惯的员工，也可以塑造出不在乎组织惯例、具有创新精神的员工。

> 管理者可以把组织社会化当作一种工具。

The Truth About Managing People

第二篇
激励的真理

真理 14
为什么如今的员工无法激励

我经常听到一些经验丰富的管理者抱怨道:"现在的员工再也激励不起来了。"假如这是真的,那么只能归咎于管理者或组织,而跟员工没什么关系。员工难以激励,通常是因为下列五种情况之一:① 选拔机制;② 模棱两可的工作目标;③ 绩效评估体系;④ 组织奖励体系;⑤ 管理者未能让员工了解、接受评估体系和奖励体系。

要理解员工激励问题,最好的办法是考察该问题所依赖的三种关系。如果这三种关系都很强,员工就容易被激励;如果其中一种或两

> 假如员工真的无法激励,那么只能归咎于管理者或组织,而跟员工没什么关系。

三种都很弱,努力的员工很可能就会受到伤害。下面我会用提问的方式来阐述这三种关系。

(1) 努力和绩效的关系 在员工做出最大限度的努力后,他能够确信他的努力被绩效评估者注意到了吗?对大多数员工来说,非常不幸,答案是否定的。他们的技能水平可能不够高,这就意味着

无论他们多么卖力，他们的绩效评价可能都不会好。或者，如果组织绩效评估体系的设计是基于非绩效因素（如忠诚度和主动性因素）的话，再努力也是徒劳的。还有一种可能，员工认为老板就是不喜欢他，做好做坏一个样。总之，员工会认为不管他们努力与否，评价都会很低。这些例子表明，员工不能得到激励的原因是他们认为努力和绩效没什么关系。

（2）绩效和薪酬的关系　当员工获得了极好的绩效评价，他们能确信自己会获得组织的物质奖励吗？许多员工都认为绩效和薪酬之间的关系很弱，他们认为加薪有种种理由，但就是跟绩效关系不大。例如，当薪酬体系主要基于资历或者由是否向老板献媚来决定时，员工就会视绩效和薪酬的关系如粪土，变得很消极。

> 许多员工都认为绩效和薪酬之间的关系很弱。

（3）奖励和员工真实需求的关系　员工获得的回报是他们想要的吗？有时一个员工为谋求升职而努力工作，最终得到的回报只是加薪。有时一个员工希望得到一份既有趣又富有挑战性的工作，最终得到的只是几句赞扬。有时一个员工拼命工作，期望能够调到公司在巴黎的办事处，最终却被派到了菲尼克斯（凤凰城）。这些例子表明，采用适宜的奖励方式以满足员工的个人需求是何等重要。遗憾的是，许多管理者权力有限，改变奖励方式的余地不大，因此，制订个性化的奖励就很困难。况且许多管理者都误以为所有员工都有一样的需求，忽视了差异化奖励的激励效应。这两种情况下，激励仅是局部的优化。

总之，造成许多员工无法被激励的原因，就在于以下三种关系都很弱：努力和绩效的关系、绩效和薪酬的关系，以及奖励和员工真实需求的关系。如果你真的想激励员工，你需要做出必要的努力以增强这三种关系。

真理 15
与其"尽你所能",不如明确目标

我的一个朋友在西雅图管理着一个软件工程师团队,最近他告诉我这个团队是如此优秀,他对他们是如此信任。"当一个项目启动的时候,我只需要告诉他们'尽你所能,再无其他要求'。"我说这并非最佳的激励方法,他听罢有些不知所措。我相当确信的是,如果他能够为每个员工或整个团队制定出明确的有挑战性的工作目标,那么他会更成功。

大量研究证据告诉我们,当人们有目标的时候,工作绩效才会更出色。具体而言:① 目标明确,会提升绩效;② 要设定有一定难度的目标,当我们接受了这个挑战,其结果总是会好于完成一个容易实现的目标;③ 有反馈会比没有反馈的状况更能取得佳绩。

与"尽你所能"这样的目标相比,一个十分清晰明确的目标会带来高水平的产出。为什么呢?目标明确,其本身就是一个内在的刺激物。这样的目标会告诉员工该干什么,以及他会为完成此目标投入多大的努力。举个例子，如果要求西雅图的朋友的软件工程团队必须在下个月的最后一个工作日之前完成眼下的项目，那么他们就有了可以为之努力的明确目标。我们可以这样说，在其他条件完全相同的情况下，有明确目标的个人或团队，会比另一组没有目标或者只有"尽你所能"这样泛化目标的团队，做得更出色。

如果团队是具备能力的，也愿意接受目标，那么可以确信，目标越难，绩效越好。难度比较大的目标会鼓舞人们去突破自己的局限，并且更努力地工作。诚然，按常理人们更愿意接受容易完成的目标。一旦员工接受了艰巨的任务，他们就会尽全力完成。所以，对管理者来说，他们的挑战在于说服员工，再难的任务也是可以完成的。

> 大多数员工认为他们在工作中缺乏明确的目标。

相当多的证据表明，如果员工在项目进程中能够得到关于进展状态的反馈信息，那么他们会做得更好。这些反馈信息能够让他们明白，与应该达到的阶段目标相比，已经完成的部分还有何差距。反馈信息是行为的指南，但是，不是所有的反馈都有一样强的作用。内生（self-generated）反馈（员工本人对自己工作的监控）相比外来反馈（来自老板或者同事），会起到更强有力的激励作用。

上面关于目标明确、目标应有难度和反馈的建议，看起来平淡无奇，甚至有些老生常谈的感觉，但是，在管理实践中，许多管理者仍旧忽略了其价值。研究证据一致表明，大多数员工认为他们在工作中缺乏明确的目标，同时抱怨缺乏绩效反馈。

最后一点，虽然我们主张目标的作用和价值，但需了解文化上的局限。在美国、加拿大这样的北美国家，目标有用，因为符合其文化。采用目标管理，需要雇员独立自主，需要雇主重视绩效，这种需要不是在所有国家都能被满足，例如在葡萄牙和智利这样的国家。

真理 16
专业工作者喜欢沉浸状态

在你的生活中，曾经有过以下体验吗？你沉迷于某事，对周遭的变化视而不见，对时光流逝浑然不觉。大多数人都有过这样的经历，尤其是当你正在做自己最喜欢的事：跑步、滑冰、跳舞、读小说、玩电脑游戏、听音乐、准备一桌讲究的饭菜。我们把这类全身心投入的状态称作"沉浸"（flow）。管理者应当视"沉浸"为激励专业工作者的最有效方式。

研究发现，"沉浸"状态的体验并不一定是令人愉悦的，它只意味着持续深度集中精力。但是，在一次"沉浸"阶段结束后，当沉浸者回顾这段经历时，会充满欣慰之情，因满足感而愉悦。

> "沉浸"状态的体验并不一定是令人愉悦的。

达到"沉浸"需要什么条件呢？当人们描述沉浸体验时，通常会谈到这项任务的一些共同特征：① 任务具有挑战性；② 需要运用高水平的技能；③ 任务是目标导向的且能获得关于完成情况的反馈；④ 必须全神贯注；⑤ 需要创造力；⑥ 由于全身心投入，无暇顾及其他无关事物。

也许出乎你的意料,"沉浸"体验在居家休闲时很难获得,如看电视、放松状态等。"沉浸"最有可能在工作中体验到,而非在家里。

> "沉浸"最有可能在工作中体验到,而非在家里。

若被问到是否愿意减少工作时间,人们总会回答愿意。人们把休息同快乐联系在一起,认为空闲时间越多他们会越高兴。然而,对数千个个体的研究表明,他们的看法是错误的。比如,人们在家里消磨时光,通常会缺乏一个明确的目标,不知道所做的事情有没有进展,从而感到心烦意乱,还会觉得自己的技能未能充分发挥。这就是所谓的"无聊"。但是,工作却具有很多能够激发出"沉浸"状态的特性。工作一般会有清晰的目标,工作会有进展状况的反馈,这个反馈有可能是工作过程本身所呈现的,也可能是来自上级的评估。而人们的技能往往与工作是匹配的,工作通常也是具有挑战性的。工作会促进人们集中精力,努力排除干扰。总之,工作会比休闲更容易获得在游戏、运动、音乐或者艺术中才能达到的"沉浸"体验。

关于"沉浸"状态的研究对管理的启示是:工作本身可能就是最强有力的激励因素。它能带来愉悦感,而大多数休闲活动却不能。因此,如果可能,管理者应该把工作任务设计得更具挑战性、更具创造性、有足够的强度,从而利于员工充分发挥他们的技能。此外,管理者还要确保任务具有清晰的目标,确保对员工做出有关工作成效的反馈。

真理 17
不是每个人都想得到一份有挑战性的工作

我的一位担任管理咨询顾问的朋友最近评论道：

"每个人都希望拥有一份有挑战性的工作。它会给你一个在每周一早晨从床上爬起来的理由。"带着对朋友的充分尊重，我的答复是：他错了。不是每个人都希望得到一份有挑战性的工作。尽管媒体、学者和社会科学研究者的注意力都聚焦于探讨人类潜能和个体需求，但是并没有证据表明绝大多数的人想要具有挑战性的工作。有些人喜欢高度复杂和具有挑战性的工作，还有些人则偏好简单和程序化的工作。

个体差异变量似乎最能解释为什么有些人喜欢挑战性的工作，而有些人并非如此。这里的个体差异是指个体在工作中的个体成长和自我导向需求的强度。那些拥有高成长需求的个体更倾向于有挑战性的工作。实际上，究竟有多少普通员工想要满足高级需求并渴望有挑战性的工作？目前还没有数据可

> 很多员工在工作之外满足了自己的高级需求。

以说明，但是从 1970 年开始的一项研究估计这一数字为 15%。即使对工作态度的变化和白领工作群的增加做了调整，这一数字在今天仍不会超过 40%。

倡导有挑战性工作的最大声音并非来自员工，而是来自教授、社会科学研究者和媒体工作者。教授、研究者和记者在某种程度上无疑是对他们的事业做出了选择，因为他们希望工作能够给他们带来自主权、认可和挑战。当然，这是他们的选择。但是，他们将自己对工作的需求扩展为所有劳动者的需求，这显然是武断的。并非每一个员工都在寻求有挑战性的工作。很多员工在工作之外满足了自己的高级需求㊀。每个人一周都有 168 个小时，工作很少会消耗多于 30% 的时间。这样一来，人们有相当大的机会可以在职场之外满足他们的高级需求，甚至对于那些有强烈成长需求的个体来讲也如此。

对于一些人来说，工作从来不会使他们兴奋或感到具有挑战性。

对于管理者来讲，这些信息有什么作用？不要认为你有责任去为所有的员工创造感到有挑战性的工作。对于一些人来说，工作从来不会使他们兴奋或感到具有挑战性，他们不会期望从工作中寻求他们的成长机会。对他们而言，工作仅仅是他们为了支付账单而需要做

㊀ 在亚伯拉罕·马斯洛提出的需求层次理论中，人类的需求被分为五个由低到高的层次，其中归属和爱的需求、尊重需求和自我实现需求被称为高级需求。这类需求通过内部，即个体内在的内容使人得到满足。——译者注

的事情。他们可以在工作之外找到挑战，例如在高尔夫球场、在钓鱼时、玩电脑游戏时、在当地的酒吧里、在社交俱乐部与朋友们在一起时、与他们的家人在一起时等。

真理 18
反馈意见要对事不对人

即使最绝顶聪明的人，也难免犯最基本的管理错误。我们就举史蒂夫·乔布斯和比尔·盖茨的例子吧。当他们发现员工的创意很低劣、工作表现很糟糕的时候，这两个人都会加以申斥，这是出了名的。此类斥责频繁发生在会议中，使当事人极为尴尬。即便乔布斯和盖茨是两位天才人物，而且创立了世界上最有价值的两家公司，但是，他们对员工的申斥并不能帮助他们改进工作的绩效。

对事不对人，尽管道理很简单，可是很多管理者都会忽视。成功的反馈应当聚焦具体的行为而非针对个人。

对工作的反馈应当具体化而非一般化。管理者应该避免这样的措辞："你的工作态度太糟糕了。""你的工作非常出色，令我深受感动。"这类措辞是含糊的，不能提供足够的信息让员工去纠正他的"糟糕态度"，不能说明究竟因何原因而"出色"。为清楚起见，我来举几个好反馈的例子："马休，我很担心你对工作的态度。昨天的内部会议你迟到了半小时，接下来你又告诉我，我们在会上要讨论的材料你事先没看。而今天，你又说要去看牙医，得提前三个小时下班。""艾拉，我非常满意你对我们的客户菲利普公司所做的工作，上个月他们从我们这儿的进货量增加了22%，几天前我接到丹·菲利普的表扬电话，他说你对MJ－7芯片说明书变更问题的响应非常迅速。"以上两段话都聚焦到具体的行为，明确告知对方何以受到批评或者受到表扬。

> 成功的反馈应当聚焦具体的行为而非针对个人。

此外，反馈，尤其是负面的，应该尽量描述事实，而不要下判断、做评价。例如，由于某人极为不当的行为，管理者非常恼火，即便如此，管理者也应该恪守对事不对人的原则。一开口就是"你无能啊"之类的，结果只会事与愿违。这样做只会伤害对方的自尊，反而妨碍对方看清自己的问题。切记，批评时一定要对事不对人！你可能忍不住批评某人"粗鲁、迟钝"（事实可能的确如此），但这样说仍然算人身攻击。最好这样说："明明知道我在跟爱尔兰的客户打长途电话，你还为了一个不十分紧要的问题打断我三次。"

关于反馈的最后一点：如果是批评，要确信对方的行为是可控的。当对方无力控制其行为时，批评其短处并不会有建设性和价值。

> 反馈，尤其是负面的，应该尽量描述事实，而不要下判断、做评价。

因此，负面的反馈应当针对员工可以改善的行为。举个例子，一个员工因为忘记设定闹钟而迟到，对此进行批评就是有效的。一个员工每天都搭地铁上班，但今天碰巧列车出现动力故障，他被迫在地铁中多待了半个小时，导致迟到。对此进行批评就是无意义的，因为他对此无法有所作为。

真理 19
奖励什么，得到什么

一位专门研究警察工作的管理咨询顾问注意到，在某个社区，当班警察会整天开着警车高速行驶在穿越城区的马路上，往往复复，直到下班。很明显，这样做无益于履行警察的职责。这位顾问了解到该市议会是用警用交通工具的行驶里程来考核警察的工作绩效的。议会无意中在奖励创造"更多的警车行驶里程"的行为，怪不得警察会这样做。

> 管理者常常奖励了他们试图阻止的员工行为，却没有奖励他们期望的行为。

管理者常常奖励了他们试图阻止的员工行为，却没有奖励他们期望的行为。下面三个例子描述了这个悲惨的事实：① 公司管理层宣称要建立团队工作机制，而事实上，却奖励了个人的贡献，然后他们还纳闷，为何员工之间彼此竞争，都去谋求自身的利益；② 公司管理层提出要重视质量，但是对生产了劣质品的员工却无动于衷，反而责罚了因为注意提升质量而没有完成工作量的员工；③ 公司领导郑重宣布要重视管理者的行为伦理，然后却大力提拔了一个明显有道德瑕疵的人。

请参看本书真理 14 "为什么如今的员工无法激励",那些声称他们的员工缺乏激励的管理者应该重新检视一下他们的奖励体系,看看是否可能错误奖励了他们不希望看到的员工行为。首先需要检视的是当前有哪些类型的行为是得到奖励的,评估之后,极有可能会发现有许多奖励并不符合公司考核的初衷。如果真是那样,就需要变更奖励体系以期得到公司渴求的行为。要质量,奖质量;要伦理,奖伦理。

修改奖励体系并不是一项复杂的任务。一个微小的改动就能获得

> 要质量,奖质量。

巨大的变化。你在家庭中施展的一个小技巧就常常能在工作中发挥作用。举个例子,假如你只买了一块糖,却要分给你的两个孩子。你难道愿意看到他们两个为分糖而争吵吗?你把糖给其中一个孩子,让他负责切成两半,然后让另一个孩子优先选择要哪一半。这个奖励连带责任的简单过程,会让负责分糖的孩子做到尽量精确和公平,从而减少争执。同样的逻辑也适用于某公司新大楼落成后,部门主管考虑如何分配办公室。部门里有两位员工,平时就不能和睦相处,现在正在为分配给部门的 10 间办公室争执不休。凡是老戴看中的那间,老查一定也很喜欢。这事儿几个星期都没搞定,后来部门主管让老戴先选出两间房,让老查可以优先从这两间房中选一间。结果是老戴选出了他都可以接受的两间,而老查得到了"最优之选",两人皆大欢喜。

最近发生在身边的一件事,让我从未如此清楚地认识到奖励正

确行为的重要性。我的一位富裕亲戚告诉她的儿子："不用担心没有钱花，我死以后都是你的。"这位亲戚很长寿，但她无法理解为什么她的儿子总是盼着她早死。很显然，如果她将其遗产建立在她长寿而非死亡的基础上，她儿子的行为就会不同了。她可以这样说："我在余生中每一年的年初会给你5万美元，一旦我去世，剩下的钱将会全部捐给慈善机构。"如果用这种方法，她的儿子一定会期盼她长寿，而不是相反。

真理 20
都是相对的

一位美国橄榄球联盟的四分卫球员告诉他的球队管理层：他不想参加集训了。虽然他受到合约的约束，而且这个赛季他能拿到750万美元，但他今年没有打球的动力了。他要求他的球队要么重新谈合约，要么把他卖给其他球队，他会赚得更多。无论这位球员还是他的经纪人都表示，750万美元都不够他的生活开支。争执的理由涉及相对报酬："其他人不如我好（出场时间不如我多，赢得的比赛不如我多，技术统计也不如我好），却比我赚得多。"

大量令人印象深刻的研究证据告诉我们，员工并不仅仅看重绝对报酬，他们也看重相对报酬。他们会拿自己对工作的投入（包括工作经验、事业成就、努力程度、教育水平和工作能力）与他们的产出（薪酬水平、加薪幅度、被认可度等）相比较。然后，他们会环顾四周，寻找参照物与自己比较。这些参照物包括朋友、亲戚、邻居、同事和其他单位的同行，或者是他过去的工作单位。最后,他们会将自己的投入产出率与别人相比较,从而得出他们是否被公平对待的结论。就像上文提到的那位四分卫球员,他看着他的工资和技术统计,并与跟他打同一位置的近似专业能力的球员相比较,然后高喊"犯规了",因为他认为自己的待遇太低了。

当人们做这样的比较时,他们会得到三个结论:要么被公平对待,要么待遇偏低,要么待遇偏高。公平的待遇是工作激励的正能量。当员工感到他们的贡献被公正对待的时候,他们就有可能有工作的积极性。

相比待遇过低,人们似乎对高于平均水平的收入还是可以忍受的,或者他们能更好地将报酬过高合理化。

然而,当人们感到他们遭到不公待遇时,他们就很容易生气。出于消减怒气和恢复公平感的需要,他们可能会调整其行为或者认知。例如,他们可能会请更多的病假,上班迟到、早退,延长工间休息,不努力工作,工作期间偷懒,要求加薪,或者从公司里偷东西并美其名曰"拿走我应得的"。此外,他们也可能重新评估自己和他人的投入和产出,或者变更与他们比较的对象。还有极端的情况,感觉待遇偏低的人可能会不胜其怒,愤而辞职。感觉待遇偏低的人会采取什么行为,很大程度上取决于他们对公平的敏感度。有些人很容易忽视不公平待遇,或者调整他们的认知使自己免于心烦。但是,许多专业工作者、技术员工对公平相当敏感,他们有可能会迅速行动,以纠正他们感到的任何不平。

当人们觉得自己被过高对待时,他们会感到内疚。为了减轻内疚感，他们可能会更加努力工作，努力学习提高自己，乐于助人或者放弃带薪假期。一点都不意外的是，即便感到内疚，也没人愿意主动要求降薪。实际上，相比待遇过低，人们似乎对高于平均水平的收入还是可以忍受的，或者他们能更好地将报酬过高合理化。

真理 21
认可是不花钱的激励

许多年以前，有 1500 位来自不同工作岗位的人接受了一项调查，旨在发现什么是最有力的职场激励因素。他们的反馈是什么？认可，认可，还是认可！另一项研究发现，员工认为管理者对他们工作佳绩表达的谢意是各类激励因素中最重要的。但是，遗憾的是，58% 的研究对象说他们的领导从来没有说过一个"谢"字。

> 最有力的职场激励因素是：认可，认可，还是认可！

在当前高度竞争的全球化经济背景下，绝大多数企业都面临严峻的成本压力。这使得"认可激励"尤其引人注目。为什么？与大多数其他激励手段相比，对员工佳绩表示认可的激励手段通常花费甚少，乃至不用花一分钱。与此相应，最近一项调查发现 80% 的大公司采用了认可激励。流行的认可方式，除了口头表扬和书面嘉奖，还包括商品实物奖、礼品卡和公费旅游。我们发现，认可激励特别适用于低薪的职员。很少的花费就能帮助他们建立自尊。例如，位于美国康涅狄格州的食品服务企业良饼公司（Fine Host Corp），为认可员工的卓越表现而颁发质量奖,并且在公司大楼张榜公布。位于美国纽约州布鲁克林的一家卫生保健机构(All Metro Health Care)颁奖给年度最佳家庭护士,并对在季度培训考核中获得高分的员工奖励诸如手表、食物搅拌器等奖品。

大量的研究证据告诉我们,用认可来奖励一种行为,紧接着这种行为有可能会因受到鼓励而重复。管理者如何应用认可来激励员工呢?管理者可以在私下对员工取得佳绩表示个人的祝贺;可以通过传递手写的字条或者发电子邮件来表示对员工积极行为的感谢。如果员工对获得社会的赞同有强烈的愿望,管理者就应公开认可其成就。为了加强团队凝聚力和积极性,管理者应该庆祝团队的成功,可以采用举行会议的方式认可团队的贡献和业绩。

> 用认可来奖励一种行为,紧接着这种行为有可能会因受到鼓励而重复。

牢记一点,东西虽小,意义甚大。位于美国佛罗里达州珊瑚角的李氏纪念卫生机构(Lee Memorial Health System)就是这样做的。当《现代医疗》(*Modern Healthcare*)杂志将李氏纪念卫生机构评为美国最佳综合医疗网络时,他们定制了5000个钥匙链发给每个员工,向他们表示感谢。钥匙链是特地为李氏纪念卫生机构设计的,在黄铜徽章的上半部分铭刻着"从这一年起,最有价值的职员"(*Valued Employee Since*),下半部分标出该员工的入职年份。每个钥匙链的成本只有4.5美元,但是它们被证实是一种强有力的激励因素。CEO说:"在我从事卫生保健管理的生涯中,我还从未见到如此令人兴奋的场面,仅仅因为给每位员工一个钥匙链,我收到了许多感谢的字条和电子邮件，感谢我们愿意花时间向每位员工单独表示认可。"

关于认可激励的一个告诫是：认可必须真诚。人们看穿伪善并不难。举个例子，如果对并不出色的绩效表现施以赞美，有可能令激励完全落空。

真理 22
激励之外

罗宾和克里斯两三年前同时大学毕业，都获得了初等教育学位。他们分别在不同的学区担任相同的工作：一年级教师。罗宾很快就遇到了一些工作上的障碍：班上学生较多（38 人），教室却逼仄昏暗，配套也不充分。克里斯的处境则完全不同。他只教 15 个学生，学校还给他配了一位每周工作 15 小时的助教，一间现代化的具备良好照明的教室，教室内还有一个供应充足的储物柜，每个学生都配了 iPad，还有一位高度支持他的校长。不出所料，第一学年结束后，克里斯的表现被认为要好于罗宾。

上述事例阐明了一个相当显著但又经常被忽视的事实：工作绩效受到支持资源多寡的影响。无论员工多么有干劲儿，如果没有支持工作的环境，他的工作绩效就会受到损害。

> 无论员工多么有干劲儿，如果没有支持工作的环境，他的工作绩效就会受到损害。

考虑员工绩效的常用方法是把绩效看作员工能力和激励两个变量交互作用的函数，可记为：$p = f(A \times M)$，（p = 绩效，A = 能力，

M=激励)。如果能力或者激励不足，绩效都会受到负面的影响。这可以帮助我们解释下述事实：一个虽然天资普通但勤奋的运动员或学生的表现，始终会优于虽有天分但十分怠惰的对手。除此之外，有一个重要因素仍然需要考虑，我们需要在等式中加上表现的机会。即 $p=f(A \times M \times O)$，（O=机会）。即便一个人既有工作意愿又有工作能力，却仍然可能存在着约束绩效的障碍。

当你想弄明白为什么一名员工没能达到你预期的绩效水平，而你确信他本该有这个能力时，你应该看看工作环境是否给了他必要的支持。

他是缺少工具、设备、材料还是供应？他是否有良好的工作条件、肯出手相助的同事、支持工作的规则和流程、用来制订工作相关决策所依赖的充分信息和足够多的时间，等等？如果不具备，对绩效会存在负面的影响。切记一定要使对雇员的瓦解和干扰因素最小化。真理43"警惕数字娱乐"中提到，当今的劳动者情绪特别容易受到各类不同的数字干扰，他们徜徉于短信、图片分享应用（Instagram）、脸书（Facebook），乃至网络视频中。

真理 23
员工忠诚度已经过时，员工敬业度才是真理

你的父辈、祖辈们很有可能终其职业生涯皆在同一个组织中。那个时代，雇主对员工忠诚，就能换来员工对雇主的忠诚。但是，我们都知道，终身雇佣制的时代已经一去不复返了。

20世纪80年代，这个世界就在改变了。雇主们需要具有更大的柔性以应对市场的变化。公司高管们承受着来自投资人提高利润诉求的巨大压力。传统的国家间贸易壁垒已然轰塌，宽广的国际市场展开了胸怀，但是也带来了新的外国竞争者。颠覆性的技术创新不断涌现，计算机和互联网的到来，使得长期形成的商业和产业模式大堤"溃于蚁穴"。雇主对这个时代做出了响应。在美国，雇主首先逐步将雇员的医疗保健费用转嫁在雇员身上，同时，废除传统的企业养老金制度，转而实行由雇主和雇员共担的企业年金养老制度（401k计划）。这样一来，雇员很容易更换雇主。对此，雇主的办法颇为激进，他们将许多全职工作岗位改为兼职。除此之外，很多雇主开始大规模裁员，而这种行为历来都被认为是雇主的污点。

近年来，员工忠诚度这个概念已经遭受沉重打击。

与此同时，雇员也发现了这个苗头，他们开始相信人力资源顾问的话："你应该对你自己的职业生涯负责。"于是，雇员要么把自己看作一个自由职业者，要么就热衷于经营自己的个人品牌。

2006—2012年，在美国雇员中，认真考虑离职的比例由23%上升到32%。另一项研究报告显示，多达76%的全职雇员，虽然并不积极投身于找新工作，但是如果有好的机会，他们是愿意离开现职的。所以，当我们获悉一个中等熟练程度的工人平均每4.4年就会换一次工作时，我们一点都不惊讶。很显然，员工忠诚度这个概念已经遭受沉重打击。

假如你不能指望员工忠诚度，那么你还能指望什么呢？答案是员工敬业度。

员工敬业度指的是员工对所从事工作的个人参与程度、满意程度和热爱程度。

以下四个问题的答案可以很好地说明员工敬业度：你可以利用你所需的资源吗？你有没有机会学到新技能？你是否感觉到你的工作是重要的、有意义的？你和上级的交往是否对你有益？

高敬业度员工对工作场所有情感上的依附感，热爱自己的工作，感觉与公司休戚相关。相反，不敬业的员工是做一天和尚撞一天钟，在工作上只是投入时间而不是投入精力。那些活跃而散漫的员工更是组织的毒药，他们会对工作环境挑三拣四，还会散播负面情绪，从而影响他人。

一项针对36家公司属下的近8000个业务部门的研究发现，员工敬业度水平高于平均水平的部门，相对于敬业度水平低于平均线的部门，其生产效率更高，员工流失率更低。其他研究一致表明，高敬业度可使员工与工作紧密结合、降低离职倾向、带来高的工作绩效，还可以促进组织公民行为。本质上，能够埋头勤奋工作的员工，就是通过他的勤奋工作和融入组织来证明他的忠诚度。

管理者怎样做才能提高员工的敬业度呢？针对这个问题，大量学者做了工作，答案的清单几乎已经面面俱到。但其中主要的四个领域包括工作设计、主管和属下的关系、工作环境和人力资源的具体做法。更具体地说，管理者应该设计更具自主性和充分授权的工作；展现自己的领导力，重视下属，对下属做出支持性的反馈，关心和信任下属；提供舒适的工作环境；使员工确信组织的人力资源政策对所有人都是公平的。

> 能够埋头勤奋工作的员工，就是通过他的勤奋工作和融入组织来证明他的忠诚度。

The Truth
About
Managing
People

第三篇
领导的真理

真理 24
驳领导力的五个神话

除皱器和减肥课往往是些荒谬的神话,除此之外,大约没有哪个能比领导力的神话更荒谬,让我们看看下面这五个很流行的领导力神话。

神话 1　领导者是天生的,而非可塑造的

一个较著名的神话是:领导的品质是个体固有的。人们认为总有一小部分人生来就是当领导的料,而绝大多数人生来就是跟随的命。研究证据表明,遗传学的确对领导力的形成有一些影响。研究认为领导能力中大约 30% 能够用遗传因素解释,而其余 70% 左右是受环境影响的。所以,有一些领导力特质是由基因决定的,而领导力是可以学到的。当我们决定是否争取担任领导职务时,千万不要变成自己基因的囚徒。

神话 2　成功的领导者有共同的特质

这个误导,媒体难辞其咎。媒体按照它们自己的理解,找出并且强化了一整套领导者的共同特质。它们认定的领导者包括理查德·布兰森、雪莉·桑德伯格和已故的史蒂夫·乔布斯等人。它们认定的领导特质包括魅力、热情、果断、勇气等。研究证据又揭示了什么呢？许多特质看上去像是有规律地表现出领导者与普通大众的区别。它们包括野心勃勃、精力充沛、有领导欲、有自信心和理解力强。总之，似乎这些特质相当有力地解释了人们对领导的认知。实则不然，你不应该过于信任这个信念：成功的领导者具有共同的特质。为什么？首先，有特质并不能保证成功。特质不适用于所有情境，它们似乎只能在选择性的情境中预测领导力。其次，这些证据对孰是原因孰是结果的解释尚不明朗。例如，是领导者本身自信，还是作为一个成功的领导者才建立了自信？最后，特质对归纳出领导者的外在表现发挥了很好的作用，但对实际区分领导是有效还是无效并无裨益。我们不能说拥有野心和自信这些特质就表明领导有效，只不过在别人看起来像是那样。

> 不要过于迷信成功的领导者具有共同的特质。

神话3　男性比女性更适合做领导

领导位置由男性占据，是历史形成的。因此，就连描述领导者的用语也常是些阳性词，比如强壮、好斗和独断。可是，研究表明在领导能力方面，男性比女性并无优势。由于男性历史地占据了绝大多数领导位置，就形成了一种关于优秀领导者的刻板印象，即任务导向、令行禁止、不易动感情这类偏见。但是，当组织的建构越来越多地需要柔性、团队、信任和信息分享时，具有男性刻板印象的指令型领导就越来越不合时宜了。组织需要的领导风格是鼓励参与、分享权力和信息、培养追随者、通过包容进行领导，不太需要指令—控制风格。最新的研究证据认为两种性别的领导能力差别很小，如果非要较真哪个性别更有优势的话，或许是女性。

神话 4 MBA 教育能创造有效的领导者

工商管理硕士学位（MBA）很流行也很昂贵。单单是美国，每年产出的 MBA 就超过了 155000 人。同时，学费并不低，在美国一流大学读 MBA 学位的花销现在已经超过了 10 万美元。对许多追求上进的人来说，读 MBA 学位就意味着放弃两年的全职工作，相当于放弃了不少于 15 万美元的收入。鉴于以上事实，你可能会认为，应该有实质性的证据能证实，MBA 课程可以成功地创造领导者。而研究证据却不是这样的。传统的 MBA 课程完全不能帮助学员建立有效的领导技能。这些课程能够很好地帮助学员了解商业，却不能培训出领导者。虽然 MBA 课程大讲特讲领导力的重要性，但是实际的领导力却只能通过经历和实践得到。也就是说，在领导力这个领域，MBA 课程没有用武之地，正如一位著名的权威人士所抨击的，"MBA 用错误的方式去训练一群错误的人"。⊖

神话 5 领导力总是至关重要的

商学院、政界乃至舆论界，都给予了领导力高度关注。你可能

⊖ 这位权威就是明茨伯格教授，他长期坚定地反对 MBA 教育并提出了他对管理教育的新见解。这句话出自他 2004 年出版的《管理者而非 MBA》，该书简体中文版由机械工业出版社于 2005 年 6 月出版。——译者注

会认为，如果一个群体、一个组织（或者一个国家）想取得成功，领导力总是必不可少的。事实并非如此。大量研究数据一致证明：在许多情境中，无论领导者采取什么行动都是无关紧要的。为什么呢？一些个人的、工作的和组织的因素，限制了领导者对下属产生影响。先看个人因素，对于那些有丰富的工作经验、受到过良好的培训，同时又对组织奖励不敏感的人来说，领导者的影响是相当有限的。例如，有经验、有技能的人，就不用领导提供支持，也无须领导阐明工作任务。再看工作因素，一些工作本来就是确定的、清楚的，所谓例行公事，或者具有内在满足感的工作，都无须领导者亲身关注。最后看看组织因素，组织的目标清楚明白，有严格的规则和程序，团队有凝聚力，完全能够把领导者的角色化于无形。

> 传统的 MBA 课程完全不能帮助学员建立有效的领导技能。

真理 25
领导的本质是信任

当我们信任别人的时候，我们假定他们的作为是诚实可信的，他们是可以依靠的，他们的行为是可以预期的。我们也会假定，他们不会利用我们。信任是领导的本质，因为你无法领导一群不信任你的人。

一位作者这样概括信任和领导的关系："与他人一起工作，发现和解决问题，这是领导者的部分职责所在。但是领导者是否能够获得解决问题所需要的知识和创新思维，却取决于员工对他的信任程度。信任能使领导者获得信息、赢得合作。"

> 你无法领导一群不信任你的人。

当员工们信任一个领导时，他们就乐意接受领导的安排，无须担心自己的权益会被侵害。在人们看来，一个不诚实的、可能会利用他们的人，是不大可能得到尊重和跟随的。诚实，一直被大多数人列为受人尊敬的领导者应具备品质的首位。诚实绝对是领导的一个基本成分。

管理和领导的有效性依赖于获取追随者信任的能力,过去如此,现在更甚。因为我们处在一个变革和不稳定的时代,人们变得更多依赖个人关系来指导行动,而人际关系的质量在很大程度上取决于信任的程度。此外,当代管理实践中经常使用授权和团队工作方式,这些管理方法都需要信任来增进管理效果。最后,令人印象深刻的研究证据表明,员工肯定常常会用不断增进的组织公民行为来响应一位可信任的领导(参见真理11"好公民行为和组织绩效")。

诚实,一直被大多数人列为受人尊敬的领导者应具备品质的首位。

那么,作为一位管理者,你该怎样获得员工对你的信任呢?这可不是个简单的事儿。但是,研究表明下列的某种方式有助于建立信任关系。

公开 人们对不充分了解的事物会不信任,对完全不了解的事物会更不信任。所以要确保人们知情,使决策的标准公开透明,要说明你的决策理由,对问题直言不讳,充分披露相关信息。

公正 在制定决策或者开始行动之前,要从客观和公正的角度考虑员工们对此的感受。是谁的功劳就归于谁,绩效评估要客观、公平,设计的奖金分配机制要公正。

说出你的感受 只会硬生生表达事实的管理者,给人的印象是冰冷的、有距离的。如果你能分享你的感受,其他人会认为你很实在,有人情味儿。

实话实说 真相是诚实固有的组成部分,一旦你的谎言被揭穿了,那么,你获得和保持信任的努力一下子就会付诸东流。人们通常能够忍受听到他们不想听的东西，却无法容忍管理者对他们撒谎。

行为一致 人们希望凡事皆可预测。如果不知道什么会发生，人们就容易产生猜疑。让你的核心价值和信念指导你的行动，这样就会提高行为的一致性，建立彼此之间的信任。

信守诺言 想要获得信任，就要让人们相信你是可靠的。你必须确保自己说过的话一定算数、诺言要兑现。

保守秘密 人们会信任那些言行谨慎的人，觉得这样的人靠得住。他们需要确保你不会同他人讨论他们的秘密，更不会泄露他们的秘密。如果人们认为你会泄露个人的机密或者你不可靠，他们就不会认为你值得信任。

真理 26
经验不一定管用

大多数人接受这个常识性的概念：经验很宝贵，甚至我们会认为经验是有效领导的必要组成部分。例如，选民会认为当过美国参议员或者州长的人更适合担任美国总统。同样地，企业组织也认同这个概念，当他们小心翼翼地为公司高管位置寻求外部候选人的时候，筛查的过程就基于候选人的阅历。就此而言，你填写过的求职申请表中，是否有关于你以前的经历或者职业发展史的问题？在许多例子中，做出雇用或者晋升的决定最重要的因素就是经验。好了，令人大吃一惊的新闻来了：研究证据表明，经验本身对领导的有效性并无贡献。

"许多没有经验的领导者获得了杰出的成就，许多经验丰富的领导者反而铸成大错。最受尊重的前总统亚伯拉罕·林肯和哈里·杜鲁门都没有什么领导经验，而有经验的赫伯特·胡佛和富兰克林·皮尔斯却是不成功的。"一项针对军官、研究与开发团队、商店店长、邮局局长和学校校长的研究告诉我们，与缺乏经验的管理者相比，有经验的管理者并不会更成功。

过去的领导经验无法预测未来的绩效，企业界有很多这样的例子。例如，约翰·斯考利是一个成功的百事可乐总裁，但他失意于苹果 CEO 任上。罗恩·约翰逊在执掌苹果公司的零售系统时光芒四射，继而担任大型服装百货企业 JC Penney 的 CEO，却招致千夫所指。卡莉·费奥莉娜未能将她在朗迅的辉煌转移到惠普。

经验为什么不会让领导者更成功呢？仅凭直觉，看起来经验会提供学习机会，从而可以提高在职领导者的技能。这个问题要一分为二地看。首先，经验的质量和工作的时长不一定是一回事；其次，情境之间的差异会影响经验的可转移性。

"经验很管用"这句话在逻辑上是有瑕疵的，它假定在工作上的持续时长可以作为经验的衡量尺度。这种说法忽视了经验的质量。一个是有 20 年工作经验的人，一个是只有两年工作经验的人，两者相比较，绝非意味着前者的有意义的经验是后者的 10 倍。20 年的经验只是 20 次地重复了一年的经验，

> 20 年的经验只是 20 次地重复了一年的经验。

实际上常常如此。就算在非常复杂的工作岗位上，两三年之后真正的学习就停止了，到那时，几乎所有新的和独特的情境都已经被经历过了。人们试图将经验与领导的有效性联系起来，这种想法的问题在于没有注意到经验的质量和经验的多样性。

再者，在先前的情境中获得的经验很少能够适用于新的情境。因此，考虑过去的情境和新情境的相关性是至关重要的。工作有差异，支持资源有差异，组织文化有差异，跟随者的特性有差异，等

等。毋庸置疑，领导经验和领导绩效不存在强相关性，其最主要的原因就是情境的可变性。

那么，我们有何结论呢？当我们为领导岗位选人时，一定要注意，不要过于强调他们的经验。经验，本质上不是领导有效性的适宜预测指标。对于一个有10年领导经验的候选人，他的经验不一定会转移到新的情境中。关键是过去经验的质量，以及过去经验与领导者要面对的新情境之间的相关性。

真理 27
有效的领导者知道如何心理定格

马丁·路德·金的演说《我有一个梦想》，创造了一个新的国家图景，在那里，种族偏见永远消失了。也就是说，他用自己的方式"心理定格"出民权运动，这样一来，别人就能像他一样看到它。

心理定格（framing）是一种使用语言来管理意义（事实、事件等所具有的意义）的方式。它包含了选择并强调主体的一个或多个方面，同时去除其他方面。

> 心理定格是一种使用语言来管理意义的方式。

心理定格类似于摄影师的工作。视觉世界中存在的事物本质上是模糊不清的。当摄影师用相机对准并聚焦于特定一点时，他通过取景（frames）拍出了照片。然后别人就看到了他想让大家看到的东西。这恰恰和领导者心理定格一个问题如出一辙。领导者选择那些想让人们关注的方面或部分，而忽略掉那些不想让别人看到的部分。

将问题和对手形象心理定格的能力关乎政治领导人的政治生命。在文字战争的时代，能打赢术语战的人就能赢得政治上的胜利。举例来说，最近这些年，美国最突出的心理定格话题就发生在华盛顿，即关于**公平税负**如何定义的问题。民主党人认为，公平税负是累进制的，富人应当承担大部分比重，因为他们付得起。共和党人反驳说，公平税负应使税务负担更均匀，需要每个人都付出。㊀

大多数领导的工作都处在一个错综复杂和混乱无序的环境里，所谓尊重"事实"，其实有很大的操作空间。事实往往就是领导者所说的事实。

心理定格在很多方面影响着领导的有效性。由于心理定格可以决定需要引起注意的问题、问题的起因和问题的最终解决办法，所以它可以极大地塑造决策过程。心理定格也可增加领导者成功实现目标和取得人们认同的可能性，因为，一旦有了正确的心理定格，正确的行为就会随之而来。此外，在全球化环境下，心理定格对有效的领导也很关键，因为领导者必须以共同的方式来定格问题，从而避免文化上的误解。最后，心理定格也是愿景型领导的一个至关重要的因素，共同的愿景可通过相同的心理定格来获得。

五种表达方式有助于心理定格：比喻、行话、对比、杜撰和讲故事。

㊀ 共和党的美国前总统布什任内曾推出了针对所有收入群体的减税政策，该政策定于2013年1月到期。而民主党的美国前总统奥巴马针对政府高额赤字提出了减赤方案。共和党和民主党的主要分歧在于是否对富裕群体增税。共和党坚持延长减税政策，而民主党认为这一政策不再适用于年收入超过25万美元的群体。所以，两党对"公平税负"这一概念做出了不同的"心理定格"。——译者注

比喻有助于我们通过一件事理解另一件事。比喻有效的前提有两个：一是对照的标准容易理解；二是两者之间在逻辑上是相关的。一位制造业车间主任这样描述他的目标："我们的生产流程要像精良的瑞士表一样运行。"他就是用比喻来帮助员工想象他的目标。

组织领导者喜欢用**行话**。行话是某些特定的职业、组织或者项目特有的语言。只有对懂行的人，行话才能表达出精确的意义。例如，微软公司的雇员都明白，"蓝色徽章"代表永久全职雇员，而"橙色徽章"意味着临时工或者合同工。

> 将问题和对手形象心理定格的能力关乎政治领导人的政治生命。

当领导者用**对比**手法时，他们是在用反例来凸显主体。因为有时候我们说"不是什么"比说"是什么"更容易获得理解。一家小型制药厂的高管发现员工对保持低成本缺乏关注，于是他经常说："我们可不是辉瑞。"他希望表达的信息是他的公司没有制药巨头的雄厚财力，要注意降低成本。

杜撰这种手法的目的是从正面或者负面重新阐述你的对象。精于此术的领导者让别人把他们的利益看成是正当的，而用对对方不利的措辞来解释与他们相对的利益。

最后说说领导者如何使用**讲故事**的手法来心理定格问题。故事是比比喻或者行话更长的事例。3M公司的领导就爱讲即时贴是如何

被发明的故事，用来强调公司特别重视在创新过程中的创造性和意外发现。㊀

㊀ 即时贴的发明的确很意外。3M 公司的工程师弗雷在参加唱诗班活动时，常把纸条夹在歌本里做记号，但纸片易滑落，他想到如果有一种既能方便粘在纸上又易于揭掉的书签该有多好。恰好该公司另外一个工程师希尔福刚开发了一种黏性不强而又不易干结的胶水，正愁没有用途。两个人的合作，让 20 世纪改变人类生活方式的十大发明之一即时贴在 1980 年问世。——译者注

真理 28
期望什么，得到什么

我讲一个故事。有 105 名以色列士兵要参加一个战斗指挥训练课程，该课程的四位教官被告知，受训学员中的 1/3 潜力很高，1/3 潜力一般，剩下 1/3 潜力不明确。实际上，这些学员是被随机分配到这三个类别中的，这出于研究人员设计研究课题的需要。按理说这三组学员的表现应该相同，因为他们是被随机分配的。但是，名义上高潜力那一组的学员在客观成就测试中取得了显著的高得分，表现出更积极的态度，而且他们比别的组更尊重他们的领导人。

这件事说明了期望的力量。名义上高潜力那组学员的教官在学员身上取得了好结果，正是因为教官有所期望。对教师的课堂行为研究也得出了相同的结果。教师对学生有什么样的期望，就会得到什么。

> 你若把某人看作失败者，他真的会失败。

期望可以视为一种自我实现的预言。期望他可能做到，他就会实现这个期望。这在商务领域对我们的启发是：领导者能够得到他期望的绩效。领导者若把某人看作失败者，他真的会失败。领导者若认为某人有能力高水平地实现目标，他就会竭尽全力证明领导者是对的。领导者对员工期望越高，收获就越大。

为何给予员工高期望就能导致高绩效？因为领导者对员工的期望会影响到领导者对员工的行为。领导者会按照对员工的期望分配相应的资源。如果领导者对某个员工的绩效期望最高，那么他的投入也会最多。该员工能得到很多支持，例如更多的无言的精神支持（像微笑和眼神之类的），更频繁的有价值的反馈，更具挑战的工作目标，更好的培训，更令人满意的工作安排。而且，领导者会对该员工表现出最大的信任。领导者的这些行为，又顺理成章地造就了该员工，使他的专业技能和知识突飞猛进。此外，领导者的支持也帮助该员工建立自信，使他有信心取得工作佳绩。

> 领导对员工期望越高，收获就越大。

行文至此，给领导们传达的信息就是：你应该对你的员工抱有高绩效的预期。通过你的言辞和行为告诉他们，你信任他们。让他们知道，你认为他们尚有未开发的潜力，他们能做得比现在还好。但是，切忌期望过高。像天一样高的期望会吓死人，让人丧失信心，导致挫折感、失败感，会降低期望值。如果你帮助员工取得一个个"小成就"，他们就会建立自信，久而久之，期望值会逐渐提高。

真理 29
领导魅力能学到

越来越多的研究证据支持领导魅力的价值。无论过去还是现在，许多我们熟知的领导者都凸显了他们的魅力特质。他们包括约翰·F. 肯尼迪、马丁·路德·金、温斯顿·丘吉尔、玛格丽特·撒切尔、文斯·隆巴迪、史蒂夫·乔布斯、理查德·布兰森、比尔·克林顿和特里莎修女。㊀

有魅力的领导者和缺乏魅力的领导者有何区别？魅力型领导者的一般特征包括：自信，有极强的愿景（提出一个好于现状的未来），有清晰且有力表达愿景的能力，对愿景的强大信心，以及有发动巨大变革的意愿。

> 许多我们熟知的领导者都凸显了他们的魅力特质。

我们过去认为魅力型领导者的特质是天生的。然而，最近的研究证据表明其实不然。个体可以经由训练表现出有魅力的行为，并

㊀ 对中国读者来说，这些领导者大都大名鼎鼎，其中文斯·隆巴迪（Vince Lombardi）属于例外，他是在美国家喻户晓的橄榄球教练。2010 年，巨星罗伯特·德·尼罗宣布出演隆巴迪传记电影。——译者注

可以享受到被贴上"魅力型领导者"标签后的利益。下面列出一些领袖魅力行为的特点,这些你是可以学到的。

表现出强有力的、信心十足的、活力四射的气质 使用迷人的语调。表达出自信。在面向众人演说时直抒胸臆,时刻保持目光接触。时刻注意身体的姿态,就好像用身体告诉别人自己是多么有信心。谈吐清晰,不结结巴巴,避免在讲话中夹杂无内容的片语,例如"哦""那个"和"对吧"。

明确有力地表达一个总体愿景 创建一个愿景,把未来目标表现得相当理想化,尤其要把实现愿景的方法设计得不同凡响,然后把这个愿景传达给他人。实现愿景的路径应该新颖但要适用。还要记住成功不光是要有一个愿景,还应取得他人的认同。

让他人了解你对团队的高绩效期望值,以及确信他们有能力实现这个期望 阐述你对个人和团队的野心勃勃的目标,并展现你对他们会实现目标的信心。

个体可以经由训练表现出有魅力的行为,并可以享受到被贴上"魅力型领导者"标签后的利益。

通过训练可以展现你的领导魅力。

通过以下三个阶段的学习过程,你就有可能表现出领导魅力。首先,你要保持乐观,用激情刺激他人产生热情,运用整个身体而不仅仅是话语进行沟通,这样就能开发出魅力的光环。其次,你必须与他人建立联系,鼓舞他们跟随你。最后,你可以通过调动跟随者的情绪来激发他们的潜能。

这个方法似乎很有效,有证据表明,研究者利用这种方法编写剧本让大学生成功扮演了有领导魅力的角色。他们指导学生清晰表达出一个极高的目标，向他人传达对高绩效的期望，对下属达到这些目标所具备的能力表现出充分的信任，重视下属的需要。他们学着表现出有力、自信和活力四射的形象，他们使用富有魅力的语调。为了进一步捕捉到有活力、有能量的领袖魅力特征，研究者还训练他们使用具有领导魅力的非语言特征：时而踱步，时而坐在桌角；身体前倾，面向下属；保持直接的目光接触；姿态放松，表情生动；研究者发现学生们完全能够掌握并表现这些领袖魅力。此外，相比那些缺乏魅力的领导者所带领的下属而言，这些魅力型领导者的下属表现出了更高的工作绩效、对工作任务的适应性，以及对领导和群体的适应性。

本文告诉我们，尽管有的人天生就有魅力，但你通过训练也可展现领导魅力，如果你成功了，你就会被他人看作魅力型领导者。

真理 30
魅力不总是优点

尽管舆论界对魅力型领导者青睐有加,但魅力却不总是必要的,有时候还是个缺点呢。

领袖魅力也有负面作用,如果你对此仍然感到怀疑,我就列出三个例子吧:阿道夫·希特勒、查尔斯·曼森[一]和奥萨玛·本·拉登。此外,知名度稍逊的负面魅力型领导者包括:有"吝啬女王"称号的利昂娜·赫尔姆斯利(Leona Helmsley),她拥有赫尔姆斯利不动产帝国;搞垮安然公司的肯尼斯·莱(Kenneth Lay)和杰弗里·斯基林(Jeffrey Skilling);泰科公司前任CEO丹尼斯·科兹洛夫斯基(Dennis Kozlowski);吉姆·琼斯(Jim Jones),在圭亚那琼斯镇,他导致900余人服用氰化物中毒身亡。

研究表明,员工高水平的绩效并不总是需要魅力型领导者,要

[一] 查尔斯·曼森(Charles Manson)是美国臭名昭著的杀人魔王,被称作世界上活着的最危险的人。他建立了杀人组织曼森族(Manson Family),有许多中年妇女追随他。1969年,因其成员对著名导演波兰斯基家人的虐杀案告破,曼森才入狱。——译者注

视情境而定。当员工的工作具有较多观念成分，或者在压力和不确定性程度较高的环境下，领袖魅力似乎才管用。这可以解释为什么魅力型领导者总是在政治、宗教、战争时期，以及企业初创或者面临极度危机的时期大放异彩。20世纪30年代，富兰克林·D.罗斯福提出愿景，欲救万民于大萧条的水火中。1997年，当苹果公司痛苦挣扎迷失方向的时候，董事会说服联合创始人史蒂夫·乔布斯回归，担任临时CEO，以鼓舞公司重新找到创新的本源。

除了观念和环境的不确定性，还有另外一个情境因素限制了领袖魅力在组织中发挥作用。正如在本书真理29"领导魅力能学到"一文中提到的，愿景的创建是领袖魅力的关键部分。但是，愿景通常要适用于整个组织或者主要部分，一般由最高管理层制定。那么，魅力大概更多地与最高管理者的成败直接相关，而非一线领导。

所以，领袖魅力也有其黑暗的一面。那些魅力型领导者认为比生命还要高贵的东西，并不是他们所在组织的最大利益。他们往往按照一己之好恶使用权力重构组织。他们通常会混淆个人利益和组织利益的边界。以自我为中心的领袖魅力带来的最大危险是，领导者允许自己的利益和目标凌驾于组织的目标之上。由于无法忍受批评和意见，领导者身边只有逢迎谄媚之徒围绕，他们通过取悦领导获得恩赏，并形成了一种不良氛围：即便员工认为领导犯了错，也不敢质疑或者挑战"王者"的权威。

> 领袖魅力也有其黑暗的一面。

为个人收益和个人晋升使用权力、扼杀批评和意见或者反对的观点、认为自己在决策方面的洞察力比他人优越许多、对他人的需求变得不敏感，他们变得自我、自恋、善于操纵别人、冷酷无情；但同时又披上了自信、有内驱力、善于沟通、富有吸引力等有正面魅力的伪装，这种伪装变成了自我利益驱动的强力催化剂。

领导的有效性无须领袖魅力。 对29家从优秀走向卓越的公司（连续15年累计股票收益超出平均股票收益三倍以上）的研究发现，这些公司都没有以自我为中心的魅力型领导者。虽然这些公司的领导者也有很强的进取心、驱动力，但他们的进取心是指向公司而非个人的。尽管他们取得了非凡的成就，但却罕见其高调炫耀。他们对公司的错误和败绩承担责任，把成功的荣耀归于员工。他们无视个人的目标，代之以建立伟大公司的目标。这项研究非常重要，因为它证实了领导的有效性无须领袖魅力，尤其不需要极度自我。

真理 31
让他人依赖你

领导者影响他人或团队去做他们本来不会去做的事情,这种能力就叫权力。卓有成效的领导者通过获得他人的依赖而建立起权力基础。

如何才能让别人依赖你呢?权力的来源主要有两种:一是你在组织中的位置;二是你的个人特点。

在正式组织中,管理职位会带来权威——发号施令。另外,管理职位通常也意味着有权分配奖励和施以惩罚。管理者可以布置令人向往的工作任务,指派下属做有意义或重要的项目,提供有利的绩效评估,提出加薪的建议。但是,管理者也可以布置无人问津的任务和轮岗安排,把无聊或不起眼的项目推给下属,做出不利的评估,给不合适的人调动工作甚至降职,而且限制加薪。

> 不担任管理职位,没有正式职位,你一样可以拥有权力。

不担任管理职位,没有正式职位,你一样可以拥有权力。你的个人特点,如技术专长或个人魅力,也可以影响他人。当下是高技术的世界,专家意见已经成为一种日益强大的影响来源。随着工作的日趋复杂和专业化，组织必须依赖有特殊技能或知识的专家来实现目标。专家包括软件工程师、税务会计师、环境工程师和工业心理学家等，在组织中你可以利用他们的专长来行使权力。如果在公司中你主管人力资源，而你需要有效的选拔考试来确定高潜力的申请者，这时候你就得依靠员工中的工业心理学家来提供这种有效的测试，因为他拥有专家权力。当然，魅力也是一种有力的影响力来源，如果你拥有魅力特质，你就可以用这种权力让别人按你的要求做事。

获得权力的关键是让别人依赖你，如何做到这一点呢？你只需要控制住既重要又稀缺的资源。

如果没有人想得到你所掌握的资源，就没有人会对你产生依赖。所以，为了让别人依赖你，你所控制的资源必须被别人认为是重要的。例如，研究已经发现，组织会积极地力图避免不确定性事件发生。因此，我们应当认为，那些能降低组织不确定性的个人或团队，就被认为控制着一种重要资源。例如，在罢工期间，组织的谈判代表拥有的权力会越来越大。作为一个群体，工程师在英特尔公司比在宝洁公司更有权力。像英特尔公司这样高度技术取向的组织，要想保持产品的技术优势和品质，必须高度依赖工程师。在英特尔公司，工程师们显然就是一个有权力的群体。而在宝洁公司，营销是重中之重，营销人员是有权力的群体。这些例子表明两个观点：① 降低不确定性的能力可以提高自身的重要性，同时提升权力；② 资源的重要性是与情境相关的，不同的组织的重要性也不同。而且，不论任何组织，资源的重要性无疑都会随时间而改变。

如果资源很充足,即便拥有,也不会增加你的权力。只有资源被人们视为很稀缺时,才能使他人依赖你。这有助于解释为什么在组织中,拥有高层员工所不具备的重要知识的低层员工,就可以获得比高层员工更大的权力。这也有助于我们理解低层员工为什么做出看起来违背逻辑的行为,如:毁坏工作程序手册;拒绝培训别人做他们的工作,甚至不愿让别人看到他们是如何工作的;创造专门的编码和术语以防止他人了解他们的工作,或者故弄玄虚,让他们的工作看起来比实际情况更复杂、更困难。

> 如果资源很充足,即便拥有,也不会增加你的权力。

真理 32
成功的领导者是政治高手

当组织中的员工使用他们的权力时，我们就称他们在从事政治活动。那些有很好的政治技巧的人能够有效地使用他们的权力。作为一位成功的领导者，你应该懂得怎样成为一个政治高手。

政治活动是指一种影响或试图影响组织中的利益分配的行动，影响的结果可能是有利的，也可能是有害的，而做出这种行动的人无须具备组织的正式角色。政治活动并不是具体工作要求的行为。它包含了许多不同的行为，包括：① 与组织内、组织外的人建立关系，这个人能向你提供有用的信息或者帮助；② 避免在非关键问题上争执不休；③ 扣留决策制定者需要的关键信息；④ 结盟；⑤ 散布谣言；⑥ 为了私利与组织中的其他成员进行交易；⑦ 游说他人支持或反对某个人或某项决策方案；⑧ 宣扬你的贡献和成就。

政治活动是组织生活的一部分。

对许多人来说，在组织中玩政治是令人不齿的。他们甚至可能为自己从不"玩政治"而感到自豪。他们认为他们在组织中单凭工作的绩效就能获得成功。但是，他们太天真了。政治活动是组织生活的一部分。对领导者来说，为了你的团队或部门的利益，实施政治活动通常是必要的。实际上，许多领导者的失败或者仅仅是局部的成功，恰恰因为他们要么不玩政治，要么玩得很烂。

大量的研究证据证实，政治技能是绩效评定的有效预测因素。它既能预测工作绩效，也能预测着重于人际交往和社会化需求的工作表现。虽然良好的政治技能只能最低限度地增加软件工程师的绩效，但是对销售人员和项目管理者而言，它变得极其重要。

> 大量的研究证据证实，政治技能是绩效评定的有效预测因素。

有关组织政治最好的例子是组织成员之间语言的使用。在本书真理27"有效的领导者知道如何心理定格"一文中也提及了用语言来心理定格的问题。例如，一个人"表现忠诚"，在另一个人看来就是"拍马屁"。当一位高管在组织中向下推行决议时，她是在"授权"还是在"推卸责任"？"详细记录（会议）决议"是为了更好地了解工作的内容，但可能被其他人视为"为寻求自保而提前做好准备"。这些例子生动描绘了政治语言是如何用于心理定格（正面的或负面的）管理者的工作的，而这些都是管理者最基本的工作内容。

有一些人格类型比较容易开发出政治技能。如果你的情商和自我监控能力都比较高，那么你的政治"天分"就有可能更高。我们在本书真理7"不要忽视情商"中讨论过，情商是指能看出来并且深刻理解某个人自己和他人情绪的能力。在给定的情境下，具有高情商的人能够评价什么情绪是适当的，然后控制这种情绪。他们也能明白他人的情绪，从而做出适当的反应。毫无疑问，比尔·克林顿有极高的情商，其名言"我能感到你的痛"证实了这一点。

具有较高自我监控能力的人能随情境的变化而调整自己的行为，但是自我监控能力较低的人，不管在何种情境下，都易于表露自己的真实感情。高自我监控者对外部诱因较敏感，在不同情境下的表现也会不同，有时候在公开场合和私下之间会呈现出显著的矛盾。不必惊讶，这种适应情境改变的能力可以让他们成为社会化的变色龙，用来调节他们的行为和态度以配合周围的人。一项有趣的研究戏剧性地证实了作为一个高自我监控者的价值。他们发现高自我监控者平均只用了18个月就渗入了工作网络的核心，作为对照组，低自我监控者花了整整13年！

真理 33
道德与领导

下列组织都出现过高层领导存在不道德行为的情况：安然公司（Enron）、南方保健集团（HealthSouth）、雪佛龙（Chevron）、通用汽车（General Motors）、房利美公司（Fannie Mae）、美国国际集团（AIG）和新闻集团（News Corp）。在评估领导的有效性时，道德标准这个考核因素的重要性与日俱增。

领导者的诸多方面都与道德问题有关，例如魅力、权力和信任。

领袖魅力就有道德的成分。违背道德行事的领导者，出于自私的目的，更可能利用他们的魅力加强对追随者的控制。有道德的领导者，用有益于社会的方式使用其领袖魅力，服务他人。公平对待下属的领导者，被认为是更成功的，他们尤其会诚实、频繁和准确地与下属分享信息。被认为有道德的领导者会令下属乐意投入额外多的努力以确保工作正确且按时完成，同时他们会体验到心理上的幸福感，获得工作上的高满意度。

> 领导的诸多方面都与道德问题有关，例如魅力、权力和信任。

在这里还有领导者滥用权力的问题，他们给自己开出高额薪酬、奖金和股票期权，与此同时，他们又通过解雇长期雇员的方式尽力压缩成本。

信任显然涉及领导者的诚实和正直。由于高层管理者肩负为组织设定道德基调的责任，他们需要为自己设定较高的道德标准，然后用自己的行为来践行这些标准，并且鼓舞和奖励他人的正直行为。

领导者为组织设定了道德的基调。领导者身居高级管理者角色，创造了整个组织的道德期望。最近的一项研究调研了2572名美国陆军士兵，结论强调，高层领导者的道德影响范围不仅限于直接追随者，其涉及整个组织。原因是高层领导者创造了一种道德文化，并期望较低层级领导者的行为沿袭这个道德准则。

领导不能没有价值观。关于领导的有效性，我们不仅需要关注领导者设定目标的内容，更需要关注领导者为实现目标所使用的手段。例如，对已故的史蒂夫·乔布斯的评价，众口一词且相当精确，他是一位天才，而且是一位具有领袖魅力的领导者。他也很粗暴、极端苛刻、决不妥协、霸气十足，对那些喜欢控制一切的人来说，他就是榜样。他领导苹果公司到达了成功的巅峰。2012年春天，苹果公司成为美国最有价值的公司。但是，这家公司取得卓越成就的手段，却是一种残忍的工作文化。苹果公司经常被描述为一个野蛮的毫无宽容的地方，在那里，完美是必须追求的，责任是严格执行的。更重要的是，苹果文化反映了乔布斯的个性：残忍无情、过分认真、绝不宽容和对完美的痴迷。

此外，有良知的领导还与领导者设定的目标的内容有关。领导者所追求的组织变革在道义上是可以接受的吗？如果领导者通过销售危害消费者健康的产品获得了商业上的成功，他是一个成功的领导者吗？这个问题可能该由烟草公司或垃圾食品公司的高管来回答。或者，一位军队将领赢得了一场原本不该打的战争，而他算是成功的领导者吗？

领导者不能没有正确的价值观。作为一名领导者，你应当根据两种情况做出价值判断：其一，你实现目标所使用的手段是否道德；其二，这个目标的内容是否道德。

真理 34
虚拟领导：从远处实施领导

你如何领导那些在物理空间上与你相隔，只能用电子设备与你保持沟通的人？这些人可能身处不同地区或者不同的文化区域。

我们不能忽视的现实是，如今的管理者和他们的员工之间的联系越来越多地通过互联网而非地理接近（geographical proximity）。远程工作越来越普及。例如，一个研究小组估计，2008—2013 年，虚拟工作者增加了 80%。新出现的技术允许人们几乎可以在任何地点展开工作。明显的例子包括那些通常用电子邮件或可视电话与员工进行沟通的管理者们，那些监督远程项目或团队的管理者们，以及那些领导着一群在家通过计算机与办公室保持联系的远程办公者的管理者们。这些管理者需要成为成功的虚拟领导者，即他们将采用电子邮件、即时通信、电话会议、网络会议，以及诸如 Skype 或 Facetime 等技术与员工进行有效沟通。

> 如今的管理者们与他们的员工之间通过网络的联系与日俱增。

虚拟领导者们面临的挑战是在虚拟互动中缺失的东西。由于缺乏物理接触，这使得想要促成工作小组的凝聚力变得十分困难；没有机会进行直接监督；还经常会存在时间差。核心问题则是沟通。

在面对面沟通中，刺耳的话语可以通过非语言行为而变得缓和。例如，一个微笑或支持性的肢体语言，可以减少强烈词语表达的意义，如失望、不满、不适当或低于预期而引致的打击。而那些非语言行为在互联网或电话上是不存在的。因为缺乏感情，一封电子邮件或一条短信可能很容易导致冲突升级，而这在面对面交流过程中则很少会发生。虚拟领导者也需要确保他们在发送消息时的语气能正确地反映他们想要传达的情感。消息是正式的还是非正式的？它是否与发出者的语言风格相匹配？它是否正确地传达了重要性或紧迫性？虚拟领导者需要选择一种适宜的沟通风格。许多没有经验的虚拟领导者采用了与其下属交流的相同风格去与其老板沟通，结果很令人遗憾；或者他们在需要传达坏消息时选择运用数字沟通去"隐藏"。

发生在面对面环境中的非正式互动——通常被称为"水冷器谈话"——在虚拟世界中无法实现，或者被局限在一个虚拟世界中。大多数领导者在与他的小组面对面互动时，往往采用非正式的方式，与个人私下完成。这有助于表达他的个性，展示热情，建立信任，并增强关系。然而，成功的虚拟领导者已经在社交媒体上找到了一个替代品。使用脸书（Facebook）和类似的渠道，虚拟领导者可以分享兴趣、经验和八卦，以及与工作相关的文件、图片、视频等。

有关虚拟领导者的讨论也需要考虑在数字时代非领导转变为领导的可能性。一些具有面对面领导技巧的管理者在以往并不是太令人满意，却可能在网络上大放异彩。他们的天赋可能在于他们的写作技能或解读出藏于书面信息背后东西的能力。虚拟的工作环境不利于那些具有强大的口头表达技巧的人，而有利于那些具有写作技巧的人。

最后，开发有效的远程人际交往技能面临着一个挑战。第一眼看上去，理想的远程人际交往技能看起来像一个矛盾形容法。人际交往技能暗示着社交互动，远程则意味着远离事发现场。但虚拟领导者的确需要远程人际交往技能——它只是不同于面对面交往时所需要的技能罢了。远程人际交往技能大概会涉及利用计算机、智能手机或 iPad 等去进行书面沟通、支持和领导的能力，从他人的书面消息中能读懂其情感的能力，以及良好的电话沟通能力。对于虚拟领导者来说，良好的写作技能会迅速成为其人际交往技能的一种扩展能力。

真理 35
代际有差异，管理有区别

简·斯图尔特简直不敢相信自己的耳朵。电话那端是她某位员工的母亲，抱怨斯图尔特女士给她儿子安排了过多的工作。斯图尔特说："以前员工对我这样抱怨过，可是，他们的爹妈找上门来抱怨的，从未有过。"

简·斯图尔特终于亲身体验了一回管理那些生活在直升机式父母⊖羽翼之下的员工的滋味。好吧，欢迎你接受挑战，面对如何领导 Y 世代员工的问题。

在美国，按出生年代来划分，当前这个时期在职的员工分属三个世代。婴儿潮世代（Baby Boomers），1946—1964 年出生；X 世代（Gen Xers），1965—1977 年出生；Y 世代（Generation Y），也被

⊖ Helicopter parents，指一切替孩子包办的父母。此说法最早出现在海姆·吉诺特（Haim Ginott）博士 1969 年出版的畅销书 *Between Parent & Teenager* 中，原文是"妈妈就像直升机一样悬停在我的头顶"。手机的兴起，加深了直升机式父母对孩子的关注程度。佐治亚大学教授理查德·马伦多尔（Richard Mullendore）对此现象的妙评是"世上最长的脐带"。——译者注

称作网络一代或者千禧年一代，1978—1991年出生。两个员工同一年出生，是否意味着他们有一样的价值观？当然不是。但是，相似的阅历会导致共同的价值观。下文中的洞察会帮助你更好地理解个体价值观和心态，代际差异，以及领导和激励不同世代员工要面对的挑战。

> 相似的阅历会导致共同的价值观。

婴儿潮世代是指第二次世界大战之后出生的那一代人，当时退伍老兵纷纷返回家园。他们成长于20世纪五六十年代，一个繁荣安定的时代。受时代的影响，他们坚信一切皆有可能。作为有史以来人口最多的世代，他们天生具有竞争意识。他们大约在20世纪60年代到80年代中期进入职场。他们看重成就，追求物质上的成功，不喜欢权威，鄙视懒惰。管理者应当给这些雇员提供具有挑战性目标的工作，而且尽量不干预。

X世代的生活受到全球化、双职工父母、MTV、艾滋病和计算机的影响。他们的价值取向灵活，自己选择自己的生活，追求工作的满意感。作为工作狂般的婴儿潮世代的后代，他们儿时缺乏关爱，常被锁在家里独处。所以，他们倾向于追求独立、自力更生。他们看重家庭，珍视朋友关系。为了寻求生活的平衡，他们不愿意为了老板的利益而牺牲个人。他们会为达到工作和生活的平衡而不惜抗争。因此，管理者应当给这类雇员足够的空间，给他们选择工作和个人义务的自由。

据估计，截至2020年，Y世代将占美国劳动力的40%，其比例已经超过任何时代。Y世代受到直升机式父母的影响。直升机式父母悬停在孩子头顶上，专注于塑造孩子的自尊。他们的父母们蔑视竞争，认为不存在赢家和输家之别，只要参与，就有成就。Y世代更乐意团队协同工作，接受持续绩效反馈，视技术为理所当然。他们擅长多任务工作，对学习新知有强烈的兴趣。他们对自己的职业预期充满雄心壮志，尽管常常不切实际，这让他们常被描述为自恋、有权利意识、缺乏耐心和窘困一族。他们希望老板经常为其辅导，他们看重舒适的工作环境，以至于不在乎薪金和福利。管理者应该频繁地向Y世代员工提供尽可能详尽的反馈意见，做出清晰的指导，围绕团队合作去设计工作，提供弹性工作政策（像弹性工作时间和远程办公等），放宽工作岗位描述范围，允许他们有学习新技能的机会。

真理 36 成为导师

高效的管理者常常会肩负起组织成员导师的责任。当 Y 世代员工逐渐取代婴儿潮世代员工时[一]，前者对导师的需求更甚，他们渴望来自领导的指导和反馈。导师关系不限于垂直领导关系，许多导师关系与工作报告关系是交叉的。

> 导师的特征在于对缺乏经验的员工提供无偿赞助和支持。

导师的特征在于对缺乏经验的员工提供无偿赞助和支持。而这位受助者，或者叫门生，却不必是导师的垂直下属。我们在此讨论的焦点是：① 为什么管理者应该做组织中的一名导师？② 管理者怎样着手做？

对门生而言，导师就像向导，也像教练；帮助他们开发自己的技能，实现工作目标；把组织中有威望的人介绍给他们；让他们洞悉组织中的政治关系；指出他们可能遇到的工作陷阱，避免走进死

[一] 相当于我国的 80 后员工取代 60 后员工。——译者注

胡同；做他们创意思路的倾听者；在高层员工中替门生撑腰、说好话；保护门生的名誉。此外，导师经常会分享自己的经验，在门生颓丧时给他们鼓励和信心，当然，还有友谊和包容。

许多成功的管理者都承认在自己职业生涯的早期有那么一两位导师，而这种导师关系在他们日后的成功中都扮演了十分重要的角色。一项关于工作网络纽带的研究印证了上述说法：常常从导师关系中得益，是日后成功的重要因素。

那么，为什么管理者要拿出时间和精力去指导组织里的人呢？答案恐怕是乐于助人的个人满足感、建立自己的信用、培养未来的盟友，以及为组织的整体绩效做贡献。

如果你感觉有东西跟年轻一代分享，想给他们留下经验，就做导师吧。另外，千万不要忽略导师关系中反馈的作用。门生的反馈，能

> 许多成功的管理者都承认在自己职业生涯的早期有那么一两位导师。

够提供未经过滤的基层员工信息，同时，对于组织中潜在的问题，门生的反馈就是最好的预警。

最后，那些经常担当导师的管理者，很可能被视为一个关心他人才能的好领导。一些组织确定了正式的导师辅导项目，从而帮助新员工学习，并促进其发展。一些资深的组织成员被指定为导师。但大多数组织要么让导师和门生自主选择结成对子，要么只是任其非正式发展。在后一种情况下，管理者自己来决定他是否要发挥导师的作用。但如前面所指出的，建立师生关系对导师和门生来说几乎都是有益的。所以，你要认真考虑是否担当导师的角色。

一旦你与一名员工确定了导师关系，同时你觉得他是有发展潜力的，下一步通常是用一个特别具有挑战性的任务测试这名员工。如果他欣然接受，就可以发展关系了，向门生非正式地展示组织在正式结构和程序之外是如何真正运作的。

有一个问题需要注意，当你的门生同时又是你的直属下级时，你必须要小心，不要让组织中的其他员工认为你有所偏袒。指导员工是一回事，因为这层导师关系而扭曲了门生的绩效考核、加薪、奖金等物质利益，就是另一回事了。物质奖励应该和他的个人贡献相匹配。

真理 37
依据文化差异来调整你的领导风格

许多管理者没有成功,是由于他们忘记了根据员工所处的文化背景来调整他们的领导风格。特别是那些在国外执行任务的管理者们,以及那些所监督的员工来自不同文化背景的管理者们。研究发现,国家文化直接决定了一个管理者是否成功,其中起最大作用的是管理者所选择的领导偏好和沟通风格。

国家文化影响领导风格的方式有两种:一是它塑造着领导者的偏好;二是它界定了什么是下属所乐意接受的东西。从这点来说,领导者根本不可能自主选择他们的风格。他们被社会化经历和其下属可接受的文化条件所制约。例如,操纵型或专制型的领导风格是与那种存在着极度权力不平等的社会所匹配的。我们在阿拉伯国家和拉丁美洲国家中可以看到这种现象。阿拉伯国家的领导者被期望是坚韧和顽强的。若在没有被要求的情况下去显示仁慈或宽容的话,是一种软弱的象征。在墨西哥,伴随着强烈的家长式传统和男子气概的倾向,领导者被期望为果断的和

> 国家文化直接决定了一个管理者是否成功。

专制的。

领导者也需要考虑员工的期望，即便是在他们自己的国家，特别是当他们的员工是在其他国家成长起来的时候。所以，当一个在洛杉矶工作的管理者监管着一群在墨西哥出生和长大的员工时，如果他使自己的风格更专制一些可能会更有效。原因在于这一风格是他的员工在自己国家里习惯的风格，也就更接近他们的期望，同时这种风格更易于使员工把他与有效的领导联想在一起。

关于文化差异的最后一点是，许多领导理论是美国人在美国以美国人为研究对象发展出来的。这将意味着它们会带有一种美国偏好。这些理论强调下属的责任而非权力；假设存在享乐主义而非对责任的承诺或利他主义动机；假设存在工作集中性和民主价值导向；强调理性而非精神、宗教或迷信。然而，这些假设并不是全球适用的。因此，它不适用于印度，在那里人们更在意精神层面的东西；它不适用于日本，在那里更关注保住员工的"面子"。

The Truth About Managing People

第四篇
沟通的真理

真理 38
听到不等于听懂

许多管理者听力很好但并不总是能听懂。这话说起来令人费解？让我来解释一下。听仅仅是在接收声波，而听懂则需要使所听到的东西生成意义。也就是说，听懂需要对声音注意、解释和记忆。

大多数管理者认为他们是好的倾听者，但他们不是。事实上，当团队被问及他们的领导最需要提升哪项技能时，排在清单首位的就是倾听别人讲话。

有效的倾听是积极的而非消极的。在消极倾听中，你就像是一部录音机，吸收别人给予的信息。相反，积极的倾听则需要你站在对方的立场上去理解。作为一名积极的听众，你努力去理解说话者想表达的而非你自己想当然的意思。你也要展示出接受了对方所说的意思。

> 听仅仅是在接收声波，而听懂则需要使所听到的东西生成意义。
>
> 有效的倾听是积极的而非消极的。

你要客观地听而不对内容进行自主判断。最后，作为一名积极的倾听者，你有责任完整地去理解对方所说的内容，有必要全面地把握对方沟通的意图。

有效的积极倾听技巧涉及以下八种行为。如果你想提高自己的倾听技能——每一位管理者都应该这样做，就以这些行为作为指南：

保持目光接触 当你与他人说话时，对方不看你，你感觉如何？如果你与大多数人一样，就会把这种行为解释为冷漠或缺乏兴趣。

给予对方适宜的面部表情和动作 好的倾听者会表示出对对方所说的感兴趣。如何做到？通过非语言信号。赞同地点头，适宜的面部表情，加上良好的目光接触，传递给说话者的信号是你正在认真地听。

避免分神的动作或姿势 显示兴趣的另一种做法是避免那些使他人觉得你心不在焉的举动。当听他人说话时，你不要看手表、看智能手机或做类似分心的事。它们会使说话者感觉你好像厌倦了或不感兴趣了，同时也表示你并没有全神贯注地听。

问问题 评论性的倾听者会分析自己所听到的东西，并提出相应的问题。这种行为可以澄清意义、确保理解，同时使说话者确信你在用心听。

复述 用你自己的话去复述说话者所说的内容。积极的倾听者会说"我听到你说……"或"你的意思是……"，通过用自己的语言来复述说话者所说的，判断自己理解的准确性。

避免打断说话者 在你试图给予相应的反应之前，让说话者完整地表达他或她的想法。不要尝试去猜测说话者的意图。当对方说完之后，你自然会知道！

不要说太多 虽然对话可能更有趣而沉默会令人不舒服，但是你不可能同时说和听。积极的倾听者知道这一点,并且不会过多地去发言。

在说与听的角色之间流畅地转换　　在大多数情况下,你需要不断地在听与说的角色之间来回转换。积极的倾听者会自然过渡。从一个倾听者的角度来说,这意味着要集中注意力听说话人的发言,而不是考虑一旦有机会要去说什么。

真理 39
听一听小道消息

回到几年前,谣言在可口可乐的亚特兰大总部特别活跃。公司正经历着一场重大的重组,在当年的早些时候,全球范围内的5200人已遭解雇。谣言说公司主要领导们正准备离开,在高层主管之间将发生地盘争夺战,更大规模的裁员即将来临。这些谣言开始严重侵蚀可口可乐公司的信念。为了阻止谣言继续散播,公司的高级副总裁采取直截了当的方式来处理此事。他承认公司高层没能充分地告知员工们所发生的事情,他保证随后会进行"更好且更频繁的沟通"。

正如可口可乐公司的高层主管们所学到的,员工注意力分散可能主要是由谣言引起的。但这并不意味着管理层应该彻底消除小道消息。但是,特定的条件常常会刺激小道消息的蔓延。重要的是,正如可口可乐公司高管们所为,管理层需要监控小道消息并对其所涉及的事件予以回应。

在工作场所的谣言会起到许多作用:谣言引发或减少焦虑;谣言解释有限的或片断的信息;谣言作为一种工具让群体成员结成同

盟；谣言传达发出者的状态（"我是内部的人，你是外人"）或权力（"我有权力使你成为自己人"）的信号。

研究发现，谣言的出现是人们对特定情境做出的反应，诸如对我们来说至关重要的、模棱两可的或者容易引发焦虑的情境。工作情境常包含这三种因素，这也说明为什么谣言会在组织中散播。保密和竞争常在大型组织中广泛存在，诸如新老板任命、公司迁址、工作再分配和解雇员工，这些都为谣言的滋生和散播创造了条件。

> 谣言一般出现在对我们至关重要的、模棱两可的或者容易引发焦虑的情境下。

管理者应该接受这个事实，即小道消息不会消失。它是任何群体或组织沟通系统中的一个重要组成部分。聪明的管理者承认小道消息的存在，同时从有益的方面利用它。他们用它去识别员工们认为重要的或容易引发焦虑的事情。

> 聪明的管理者承认小道消息的存在，同时从有益的方面利用它。

他们把小道消息视为一个过滤器或反馈机制，从而突出员工们所关注的问题。例如，由于小道消息可以暴露员工们关心的问题，如果小道消息中传递着一个大规模裁员的谣言，你知道谣言是荒谬的，但这消息仍然有意义。它反映了员工的恐惧和担心，因此，你不能忽视它的存在。重要的是，管理者们可以通过散播想让员工了解的消息来切实地管理小道消息。管理者应该监控谣言的形成并观察谁对此有兴趣，以及谁可能会更主动地散播此谣言。另外，管理者需要减少谣言可能产生的负面后果。如果你偶尔发现一个活跃的谣言，并认为它会产生潜在的破坏影响，你应该考虑如何通过组织沟通来削弱其影响。方法包括：① 宣布制定重要决策的时间表；② 澄清那些可能出现不一致或遮遮掩掩的决策或行为；③ 强调有关当前决策和未来计划的消极面和积极面；④ 公开讨论事件的最坏可能性。

真理 40
男性与女性的沟通差异

研究证实了许多人从青少年时代起就相信的一个事实：男性与女性之间的沟通常会比较困难。原因是什么？他们谈话的目标不同。男性倾向于利用对话来强调地位，而女性常用它来创造联系。这些差异为管理者制造了真正的挑战。

沟通是一个不间断的平衡过程，它在亲密性与独立性这两种相互冲突的需要之间进行协调。亲密性强调接近与共性。独立性强调分

> 男性倾向于利用对话来强调地位，而女性常用它来创造联系。

离和差异。但男性和女性是以不同的方式来处理这些冲突的。女性用一种表示促进联系和亲密的语言来说和听，而男性是用一种表示地位、权力和独立的语言来沟通的。因此，对许多男性来说，对话主要是在一个层级社会秩序中保持独立和维护地位的手段。而对许多女性来说，对话则是为达成亲密性、探寻或给予认可和支持。这里有一些例子。

男性常抱怨女性在她们的问题上踏步不前。女性则批评男性在

谈话时不注意倾听。事实是，当男性听一个问题时，他们常坚持他们独立的愿望，并且通过提供解决方案来实施控制。另外，许多女性把讲述问题看成促进友谊的一种手段。女性提出问题是为了获得支持和联系，而不是去得到男性的建议。相互理解是对称的，但给予建议是不对称的——它使得建议给予者显得更有知识和更有控制权。这就使得男性与女性在沟通上拉开了距离。

在谈话时，男性比女性更直截了当。男士可能说："我认为你在这点上错了。"女士则会说："你是否看了市场部在那一点的研究报告？"（这暗含着报告显示出有错误。）男性常视女性的迂回为"隐蔽"或"鬼祟"，但女性并不像男性那样在意由于直率而生成的地位和男子汉气概。

女性比男性较少自吹自擂。她们经常淡化其权威或成就以避免显得吹嘘，同时会考虑别人的感受。然而，男性常常误解这种方式，并不正确地认为女性是缺乏自信和能力的。

男性常批评女性总是爱道歉。例如，男性倾向于把"对不起"这样的话视为一种软弱的表现，因为他们认为这个词意味着女性正在接受责备。而他们认为女性不该受责备，女性也会认为自己不该受责备。问题是女性常用"对不起"来表达遗憾并重新修复对话的平衡："我知道你对这个一定感觉很糟，我也如此。"对许多女性来说，"对不起"是用来表达理解和关照他人感受的，而不是用于道歉的。

这些差异对管理者意味着什么？首先，了解这些差异，可以帮助你同组织中的异性员工实现更有效的沟通。其次，研究发现，当更多的女性员工加入时，团队的集体智慧会增加，而与这一改善最直接相关的事实是，女性才是更好的倾听者。女性更有可能吸引别人加入谈话，而男性更倾向于用自己的观点来支配他人。所以，你可以通过确保女性有很好的表现来提高你的工作团队的绩效。

真理 41
你做的胜于你说的

不是看你说的，而是看你做的！行胜于言。

当面对说的和做的不一致时，人们倾向于相信行动。行动更有价值！

这点对于管理者的启示是：你是一个角色榜样。员工们将模仿你的行为和态度。他们观察自己老板做的，然后依此去模仿或适应上级的做法。然而，这并不意味着说的话完全没被接收。语言能影响他人。但是，当说的和做的出现分歧时，人们最关注的是他们所看到的行为。

> 行胜于言。

举例说明，考虑一下你对员工的态度和你的道德行为。许多管理者会郑重其事地强调其员工的重要性："是人创造了这里的与众不同"或"人是我们最重要的资产"。然而，他们在实际行动上却表现出与之相反的态度。例如，他们不听员工的抱怨，他们对员工的个人问题漠然处之，或者他们放任优秀的员工离职而没有做任何挽留。当员工们看到说的和做的之间的差异时，他们会更相信管理者的行动，而不管他们听了什么。所以，管理者想在他们的工作场所建立起强有力的伦理氛围，就需要确保自己言行一致。如果管理者在宣扬高标准的诚实的同时，又将其办公开支为家庭个人所用，或者时常上班迟到和早退，那么员工就会对其所宣称的置若罔闻。例如，安然有一个64页的内部"道德规则"手册，为员工如何处理公司业务提供了道德准则。但是，员工们是从安然的高层管理者的行动中获得行为线索的。那些高层管理者一贯是按照自利性的原则来处理财务交易、利益冲突和客户开发的。员工们只盯着他们的这些行为，而从根本上无视公司的道德规则。

言行不一最可能毁坏管理者试图在其员工之间建立的信任。一个被信任的管理者是那些值得信赖而不会从他人或情境中贪图自身利益的人。员工们很难去信任一个嘴上说一套而实际做着另一套的管理者。

在以往的发现中有一个显著的例外。有一大批领导者开发出一种技巧，他们可以修整语言并在特定情境表达适宜的言论，以至于其他人会关注这些领导者说的而非他们做的。成功的政治家好像尤其擅长这一技巧。人们相信与行为相悖的谎言的原因尚不清楚，但它的确强调了语言对人们的影响。我们是否要去相信我们的领导不会欺骗我们？我们是否要去相信政客所说的，尤其是当我们高度尊重他们的时候？当面对他们的负面行为时，我们是否会对那些我们曾经投过选票的社会上层人士网开一面？关于这些问题，至少目前来看，我们还没有答案。

真理 42
沉默的价值

夏洛克·福尔摩斯曾经解开过一个谋杀之谜,不是基于发生了什么而是根据没有发生什么。福尔摩斯对他的助手华生博士谈起"一只狗出现在午夜的奇怪事件"。华生吃惊地说:"在午夜出现的狗没有动静啊。"福尔摩斯回答:"那是一桩奇怪的事件。"福尔摩斯总结说,凶手一定是一个与看门狗非常熟悉的人,因为狗没有叫。

狗在夜里没有叫,常被用来形容由于没发生而有着重要意义的事件。这个故事也很好地展示了沟通中沉默的重要性。

> 沉默是一种强有力的沟通手段。

沉默——在这里被界定为言语或声音的缺失——通常不会被认为是一种沟通的形式,因为它代表着一种不作为或没情况。但它是不需要作为的。正如许多人相信的那样,沉默不代表沟通失败。事实上,沉默是一种强有力的沟通手段。它意味着有人正在对一个问题的答复进行思考或深思熟虑;它可能意味着一个人说话时的焦虑或惧怕;它可能是解脱、防御、同意、分歧、挫败或生气的信号。

我们可以看到沉默与工作行为的几种联系。例如，在群体思维中沉默是一种关注要素，它暗示着大多数的一致。它可能是员工表达不满的一种方式，如当他们"在沉默中忍受"时。它可能是一种令人不安的信号，正如当一个通常健谈的人突然之间一言不发——"他怎么了？他还好吗？"它是一种管理者使用的来显示不满的强有力的工具，即用"沉默的侮辱"来回避或忽视员工。同时，它是群体思维的一个关键要素，因为它使个体能够周密考虑其他人所说的话。

忽视一场谈话中的沉默部分可能导致错失信息的重要部分。明智的沟通者会观察间隙、停顿和迟疑。他们听得到沉默，读得懂沉默。他们把停顿看作交叉路口的黄色信号灯，他们会猜想下一刻到底会发生什么。对方是在思考如何架构一个答案吗？或者对方不敢说出口？有时沟通中真正重要的信息被掩埋在沉默中。

> 有时沟通中真正的信息被掩埋在沉默中。

真理 43
警惕数字娱乐

当今的工作场所充满了数字娱乐。正如一个主管最近表达的："没有人有时间去做任何工作了。他们都忙于处理文本、即时信息、电子邮件，或者在他们的 iPad 上更新他们的脸书页面、观看 YouTube 上的视频、网购、玩'愤怒的小鸟'或沉迷于一些其他浪费时间的事情。"

引用一个古老的连环漫画上的说法："我们遭遇的敌人正是我们自己。"我们变得沉迷于技术，但它对于提高工作绩效并非必要。我们创造的东西，无论是用于工作沟通的还是工作之外用的，都正在变为一场管理噩梦。

> 我们变得沉迷于技术，但它对于提高工作绩效却并非必要。

工作干扰（work interruptions）被定义为"当组织成员试图推进其工作任务时，那些阻碍或耽搁了其工作的突发事件或小插曲"。这一界定很宽泛，包括打电话、收发短信、意外的会议，以及与同事的谈话。但我们关注的是数字干扰。员工和管理者一样，常会在工作中受到干扰。最近几年，大开间开放的办公室和协同工作项目越来越多，而干扰的情况却越发严重了。然而，当计算机、智能手机、iPad和互联网正成为许多工作的一部分，以及许多人生活的重要部分时，数字干扰已成为对工作效率的一个主要威胁。

在工作中，数字干扰是否会有积极的一面？令人吃惊的是，一些学者是这样认为的。尤其是当涉及知识工作者时，积极的一面包括提供精神上的休息以使员工可以更警觉地返回工作任务，贮存精神能量，以及增进自主的感觉。一些人甚至由于预期会被打断，从而干得更快，从工作任务中挤出了时间。然而，许多事实说明数字干扰的负面作用大于正面作用。例如，一项研究发现，53%的员工一天中由于各类的数字娱乐，至少浪费一个小时。45%的工作仅有15分钟或更少的时间没有被干扰。还有一项研究估算：基于每小时平均工资30美元来说，在一个人生产率的浪费中，协作与社交工具占了10375美元/年。也有另一项研究表明美国每年由于不必要的干扰造成的损失是650亿美元。而且，这个数字每年增长5%。这些损失中的大多数是由于开会、电话和其他非数字干扰产生的，有一部分直接归于技术原因。一项研究表明，事实上，近60%的工作干扰产生于数字娱乐，诸如电子邮件、个人网上活动、即时通讯（IM）、短信息发送和网上搜索。

通过审视有关成瘾的研究可以更好地理解数字干扰。人类好像倾向于对某事上瘾。一组研究者声称，在过去的12个月里，有47%的美国成年人承受着一种由于上瘾引发的机能失调而表现出来的不适应症。当然，它包括从香烟到色情各种类型。但是，网络成瘾又怎样呢？有证据表明，网络成瘾通常与赌博或酒精成瘾的受害人群的比率一样。大约10%的网络用户有不同形式的技术依赖。

所有这一切都表明"仅有一少部分员工可能有网络成瘾"的说法是不恰当的。正如一瓶打开的红酒可能对一位酗酒者来说就是一种强有力的注意力分散诱因，能轻松上网或将一部苹果手机置于桌前就能对许多员工构成一种诱惑。

> 大约10%的网络用户有不同形式的技术依赖。

管理层是否有什么办法可以阻止这种工作场所的数字干扰呢？有许多解决办法，但所有这些都使人更多地认识到人类很容易被蛊惑，同时对数字技术产物有很强的上瘾倾向。

前面给出了警告，这里给一些建议。管理者应该考虑制定一些特定的政策来明确在工作时间内运用计算机、智能手机、笔记本电脑等设备进行个人活动的范围。这通常是一项计划的一部分，它涉及培训员工去理解数字干扰对工作绩效的破坏程度。例如，有调查发现，人们每天查看邮箱四次（乐观数字）。员工们通常并没有意识到这么频繁地查看邮箱是徒劳的。其他的建议包括跟踪员工上网的惯性模式，或者万一某人滥用网络，就在公司的电脑上进行设置来阻挡其进入社交网络，以及与工作无关的网站。一些组织甚至要求员工早晨上班时把智能手机和平板电脑统一交到前台，下班离开时领走。

The Truth About Managing People

第五篇
团队建设的真理

真理 44
使团队有效工作的诀窍

团队已经成为完成工作必不可少的一种设计形式。然而,管理者们如何去打造高绩效团队呢?

管理者可以通过以下四个重要的部分来构建高绩效团队:工作设计、团队构成、环境因素,以及反映团队变化的一些过程变量。

工作设计 当团队中的员工拥有自由和自主权、有施展不同的技能与天赋的机会、有能力完成一个完整的可识别的任务或产品、有能力完成有重大意义的任务或项目时,团队运作是最好的。有证据表明,这些工作特征增强了员工对于工作的责任感与主人翁意识,进而使其在完成工作时表现出更多的兴趣。

> 团队已经成为完成工作必不可少的一种设计形式。

团队构成 团队的有效运转离不开以下三种拥有不同技能的成员:有技术专长的人;解决问题与制定决策的人;有良好的聆听、反馈、冲突处理和其他人际技能的人。

个性对团队行为有重要的影响。特别是,当团队成员在外向、随和、尽责和情绪稳定性方面得分更高时（参见真理5"拿不定主意，就雇有责任心的人"），其绩效管理方面也会得高分。

最有效的团队规模既不能很小（少于4人），也不能很大（12人以上）。规模小的团队一般会缺乏多元化的观点，规模很大的团队在工作效率上会有问题。

团队由灵活的个体组成，团队中也许有人可以完成其他队员的工作，这对团队来说是一个明显的优势，因为这在很大程度上提高了团队的适应性，减少了团队对任何一个个体的依赖性。

并不是每个员工都适合团队合作。当要求喜欢单独工作的员工与他人合作时，团队的士气将会受到直接的威胁。这表明，当选择团队成员时，管理者应将员工的个体倾向与其能力、个性、技能等因素置于同等重要的位置进行考虑。

环境因素 以下三个环境因素对团队绩效的影响最为显著：足够的资源；有效的领导；一个能反映团队贡献的绩效评估和报酬体系。

工作小组是一个更大的组织系统的一部分。这样，所有的工作团队都依赖团队外部的资源得以维持。资源短缺会直接降低团队执行其工作的有效性。支持性的资源包括及时的信息、充足的设备、充足的人员配备、鼓励和行政支持。

团队成员必须对任务分工达成一致意见，确保所有成员的工作负荷大致相等。此外，团队需要明确工作日程如何确定，需要开发何种技能，团队应怎样解决冲突，以及这个团队如何制定并修改决策。有效的领导有助于确定工作的细节和整合成员的技能。

管理者如何让团队成员做到既独立又保持合作？传统的个人导向的评价与报酬体系需要经过修改来反映团队绩效。除了评估和奖励员工的个人贡献，管理者还应该考虑团队层面的评估、集体奖励，以及其他鼓励团队努力和奉献的措施。

过程变量 最后一类与团队有效性相关的是过程变量，包括：团队成员对于共同目标的承诺；团队特定目标的建立；有效的信息共享；一种可控水平的冲突。

有效的团队会将大量的精力放在达成一个共同的和有意义的目标上，这个目标为团队提供方向、动力与成员承诺。

团队领导和结构有助于确定工作的细节和整合成员的技能。

成功的团队会将他们的共同目标分解为具体的、可衡量的、现实的绩效目标，这些目标将有助于团队成员保持对结果的关注。

为了制订高质量的解决方案，团队成员需要有效地整合不同信息。通过信息共享，团队成员可共享他们可用的信息资源。

虽然太多的冲突会降低团队的绩效，但是团队层面的冲突却不一定是不好的。这种冲突可以在激发讨论时、提倡批判性评估问题与解决方案时提高团队的效率，并且促进团队更好地进行决策。

真理 45
2+2 未必等于 4

团队工作的提倡者经常说，商业企业应该围绕团队展开工作的原因之一在于，团队工作可以产生正向协同作用。也就是说，团队的生产率要高于团队中每个成员单独工作的产出之和，因为团队精神会激发个人的努力。因此，2加2可以等于5。但事实是，团队工作经常会产生负向协同作用。有的人在团队工作中会不如个体工作时那么努力，因此2加2也会等于3！想知道产生这种负面结果的原因吗？它就是社会惰化[一]。

在20世纪20年代末，德国的一位心理学家马克斯·瑞格曼（Max Ringelmann）做过一个实验，他将拔河比赛中个人和团队的表现进行了比较，一般认为两者应该是相同的。例如，3个人一起用力拉绳子就应该发挥出1个人用力拉绳子3倍的效果；8个人拉绳子就该有1个人8倍的效果。然而，瑞格曼

> 事实上，团队工作经常会产生负向协同作用。

[一] 社会惰化是指个体与他人共同工作时，比自己单独工作付出的努力更少的倾向。——译者注

的实验结果与其假设大相径庭。3 个人拉绳子的力量仅相当于 1 个人拉绳子力量的 2.5 倍，8 个人的力量还不足 1 个人力量的 4 倍。

对瑞格曼实验相似任务进行多次重复的实验，结果都支持了瑞格曼的发现：组织规模的扩大与个人绩效呈负相关。比如，一个 4 人团队的总产量要比 1~2 人团队的总产量多，因此在总量层面上看，人数越多越好。但是，随着团队的扩大，团队的个人平均产量却是不断下降的。

> 组织规模的扩大与个人绩效呈负相关。

是什么导致了社会惰化？可能是组织成员认为团队中其他成员并没有付诸全力。如果一个团队成员认为团队中其他人是懒惰的、笨拙的，那么，他会通过减少努力来保持公平感。

另外一种解释是责任分散。因为组织的最终绩效不会归于任何一个个体。在这种情况下，个体会出现搭便车行为并享有团队成果。换句话讲，当个体认为他们对于组织的贡献将无法被衡量时，团队的效率会降低。典型的搭便车效应的例子是，学生时代完成小组任务时，同组成员享有同样的成绩。此时，会有一位甚至多位同学几乎不做任何贡献，完全依赖于其他队友的努力工作。

关于社会惰化概念，值得警惕的是，这似乎是个西方的偏见。它与个人主义文化相一致，像美国和加拿大是个人利益至上的。在集体主义文化的国家，集体目标会令个体得到激励。有一项研究对比了美国员工和以色列员工，以色列属于集体主义社会。结果表明，以色列员工没有社会惰化的倾向，他们在团队里会比独自一个人有更好的表现。

社会惰化对于个人主义至上的团队工作设计的启示是什么？当你利用团队工作来提高士气或促进员工协作时，不仅需要测量团队绩效的方法，还要提供识别和测量个体努力的方法。否则，你需要对利用团队工作的潜在损失与潜在收益进行衡量和取舍。

真理 46
团队多样性的价值

在过去 40 年中，劳动力多样化呈显著增长。当今社会，大型组织有多样化的目标、多样性的举措、多元化的培训也已经不足为奇了。对增加劳动力多样性的关注要追溯到公民权利与妇女解放运动。19 世纪 60 年代的很多组织已经在性别、种族和国籍方面进行了多样化。这引出了一个问题：成员多样化的团队与组成人员同一的团队工作效率一样吗？

多数团队活动需要各种各样的技能与知识。鉴于这种需求，异构团队——由不同个体构成的团队——更可能拥有不同的能力与信息。一些研究也已经证实了这一结论，尤其对于有关认知、需要创新的任务而言，这种现象更为显著。

> 多数团队活动需要各种各样的技能与知识。

当一个团队在成员个性、性别、年龄、教育、专业分工、经验等方面存在差异时，团队拥有完成任务所需的特性，并且使有效完成任务的可能性增大。由于吸收、引进了不同的观点，也许冲突会更多，但是有证据表明，异构团队比同质团队更能有效地完成任务。从本质上讲，多样性促进了冲突，冲突激发了创造力，从而有利于形成更好的决策。

但是，由种族、国籍不同而引起的差异化又怎么样呢？有证据表明，这些元素的多样性会干扰团队的工作过程，至少在初期是如此。在需要不同的观点时，文化多样性似乎是一种优势。但在一起工作、学习和解决问题时，多元文化团队会有更多的困难。幸运的是这些困难也在随着时间慢慢消失。尽管新成立的多元文化团队的绩效不如新成立的文化同一团队的绩效，但是在三个月之后，这种差别将会消失。原因在于，多元文化团队需要一段时间来学习如何处理分歧，如何用不同的方法来解决问题。

所以，多样性对于团队和组织绩效是有利的吗？长期来看，答案也许是肯定的。至少，由多元化成员组成的长期团队的绩效并不比同一性团队的绩效差。但是短期来看，团队的效率与成果还是有区别

> 有证据表明，多样性会干扰团队的工作过程，至少在初期是如此。

的。多元化成员组成的团队需要更长的时间来产生凝聚力，因此短期来看，可能是低效率的。但是从长远的结果上看，多元化成员组成的团队要比同一性团队要好。

站在管理者的角度，你可以考虑为你的工作团队吸纳"与众不同"的成员。在这样的团队中，团队成员可能在做他们的工作时较慢，至少在一开始如此，但是你会发现他们的工作质量和工作决策可能要更好。

真理 47
我们并非完全平等：地位的作用

很多人都认为自己的地位已经不像我们上两代人那个时候重要了，我们可以举出例子：嬉皮运动⊖、平等权利法案、小型创业企业的快速增长、团队中扁平化的组织设计、开放式办公室设计、休闲着装规范，以及像电子邮件、微博等高科技产物已经作为跨越组织层级的力量，使组织更加平等。但是事实上，我们仍然生活在一个从本质上讲有阶层差异的社会中。

尽管所有的行动都在试图使社会变得更公平，但是在实现无阶级

> 我们依然生活在一个本质上有阶层差异的社会中。

社会的目标上却没有任何实质性进展。甚至那些最小的群体也会于发出一些角色、权利和仪式来将其成员进行区分。此外，我们发现即使是厌恶拘谨和层级的高科技组织，也在调整其运行机制以适应

⊖ 20世纪60年代的美国在精神、文化和生活方面都是叛逆的。当时有相当一部分年轻人蔑视传统、废弃道德，有意识地远离主流社会，以一种不能容于主流社会的生活方式来表达他们对现实社会的叛逆，这些人被称为"嬉皮士"。由嬉皮士参加的、以文化的反叛和生活的反叛为主要内容的反叛运动被称作"嬉皮运动"。——译者注

创造性的社会地位差异。比如，电子邮件被标榜为能使组织民主化的沟通手段。它允许人们在组织中进行跨越层级的交流，而不受任何限制。但是你知道吗？地位的差异已经渗透到了电子邮件中。有一项对一家高科技公司没有使用职位称呼的30000条电子邮件信息的调查——这个公司以团队为组织形式，一向为其民主决策而自豪——但人们仍然发现了体现等级差别的方面：地位高的员工倾向于发送简洁明了的信息，部分是为了减少与低层级员工的接触，但同时也是在传达自己的权威。相反，中层员工倾向于用冗长的、充满行话的、论证性的、过度解释的答案来回答简单的问题。而低层级员工的电子邮件会包含与工作无关的元素，如转发笑话或笑脸表情符。此外，这个研究发现高级经理回信时间最长，并且拼写、语法出错较多——这些都有助于表明他们有其他更重要的事情要做。

> 即便是最小的群体，也会开发出一些角色和仪式来将其成员进行区分。

因为地位是一个重要的动机因素，所以它对于理解人类的行为至关重要，而且当人们感知地位的不公平时会发生重大问题。一个响亮的头衔，一间大办公室，甚至一个令人印象深刻的名片都可以对员工起到很大的激励作用。相反，如果缺少表明地位的外在的东西，人们就会觉得自己无足轻重。地位不平等尤其会让员工沮丧，对员工绩效产生消极影响，甚至会导致不必要的离职。

请记住，地位的标志因文化而异。比如，在美国和澳大利亚，地位往往取决于成就而不是家庭背景或头衔。因此，对于来自不同文化背景的人，你应该了解如何判断其地位。一位美国经理如果不明白办公室的大小并非衡量日本高管位置的标准，或者未能把握英国地方家族对于社会阶层的重要性，那么他可能无意中冒犯他的日本和英国同行，并削弱了他的人际关系的有效性。

真理 48
团队并非总是适用

和个人工作相比较，团队协作工作会花费更多的时间，通常还会需要更多的资源。例如，团队的沟通需求较强，分歧需要解决，还总得开会。那么，采用团队方式的收益必须超过其成本？事实并非总是如此。当你急着去组建团队的时候，你应该认真评估一下，这项工作是否需要团队来完成，以及是否由团队来完成更有利。你还要评估某些人是否适合成为团队的一员。

> 采用团队方式的收益必须超过其成本？事实并非总是如此。

怎么知道你的部门负责的这项工作由团队来完成更好？建议你通过三个问题来确定团队是否适宜此情况。第一个问题是，这项工作必须由不止一个人来完成才会更好吗？回答这个问题有一个好的指标，即工作的复杂程度和是否需要不同的视角。简单的任务或许最好交给个人完成，这类工作无须多样化的投入。第二个问题是，这项工作是不是有一个共同目的或者一组目标，由一群人来完成要好过单个个人目标的总计？例如，许多新车销售商都引入了团队，这个团队链上有客服人员、机械师、零配件管理专员和销售代表。这样的团队能够很好地承担起集体责任,从而确保满足客户的需求。评价团队是否合宜的第三个问题是,成员之间是否存在相互依赖的关系。当存在一个相互依存的任务,而整个任务的成功依赖于他人的成功时,采用团队方式完成任务就是合理的。例如,足球显然是团队运动项目。若想取胜,就需要相互依赖的球员进行配合。与此相反,接力赛跑和游泳或许就不算真正的团队项目,他们是个体的群组。要分别看个人的表现,他们的总成绩只是个人表现的聚合加总。

现在,让我们再来分析组织中特定的人和组织的传统。

许多人生来就不适合加入团队。他们要么是独行侠,要么是那些总希望别人发现自己个人贡献的人。有大量的组织历来都培育个人成就,已经形成了传统。他们的工作氛围是极具竞争性的,只有强者才能留在组织中。最后,在"群体性"方面,不同国家之间存在差异。有的文化适合团队,有的文化则不然。

> 有的文化适合团队,有的文化则不然。

组建团队的根本障碍是个体的阻力,因为在团队里,成员的成功不再被定义为个体绩效。作为一个表现好的团队成员,你必须坦诚地沟通,必须求同存异、化解矛盾,必须为了团队利益升华个人目标。而对于许多员工而言,这是相当困难的任务,甚至是不可能完成的任务。

对于创建团队的人来说,有两个挑战是非常艰巨的:第一,你所处的民族文化是高度利己的;第二,在一个已经形成个人价值至上的传统的组织里建立团队。让我们举例说明，在美国电话电报公司、福特汽车、摩托罗拉等美国大公司里，管理者面对的就是这种情况。这些企业的成功法则就是礼聘和重奖明星员工，从而创造了竞争性的气候，鼓励个体成就、个体识别。在这种类型企业工作的人，一旦被转入以团队为重的组织中，可能会遭受沉重打击。相反，在具有强烈群体意识的员工中，建立团队的管理挑战就没那么苛刻了。例如，在日本和墨西哥，团队本身就是为完成工作所选用的初始类型。

The Truth About Managing People

第六篇
管理冲突的真理

真理 49
冲突可使团队富有成效

在讨论有效团队时（参见真理44"使团队有效工作的诀窍"），我们说，冲突不一定是坏事。从研究中得知，冲突有三种类型：任务型冲突、关系型冲突和过程型冲突。任务型冲突与工作内容和目标相关；关系型冲突与人际关系相关；过程型冲突与如何完成工作相关。研究表明，虽然关系型冲突在团体或组织中几乎总是消极的，但低水平的过程型冲突和任务型冲突往往是功能正常的。许多人似乎很难将冲突看成有益的，那么，就让我论证一下冲突有建设性的一面。

有证据表明，冲突能够使人们通过考虑所有的观点改善决策的质量，尤其是做重要决策时，要权衡那些少数人持有的与众不同的观点。当冲突能够提高团队成员决策的质量，激发其创造力和创新精神，鼓励其兴趣和好奇心，提供解决问题和缓减紧张的媒介，并且营造自我评价和改变的环境时，冲突就是具有建设性的。冲突是解决群体决策时人云亦云现象的一剂良药，这种决策往往基于脆弱的假定、对相关选择缺乏充分考虑或存在其他缺点。冲突会挑战现状，从而促进新观念的产生，促进管理层重新评价组织目标和组织活动，还可以提高群体对变革的响应能力。

例如，有一个公司因为缺少功能性冲突而遭受破产，那就是通用汽车公司。从1970年到2009年公司破产，再到2014年的汽车点火开关缺陷，通用汽车公司的许多问题可以归结为缺少功能性冲突㊀。公司雇用、提拔那些忠实的"唯命是从的人"，他们从来不敢挑战上级，也不得罪那些捣乱的人。绝大多数经理有着顽固的信念，即过去奏效的东西将来还会管用。此外，从冲突的视角来看，公司包庇底特律办公室中的高管并鼓励他们只与公司中一定层级的人交往，进而使得他们更不可能提出具有冲突性的观点。

> 通用汽车公司的许多问题可以归结为缺少功能性冲突。
>
> 有大量证据表明，冲突与生产率有正相关关系。

有大量证据表明，冲突与生产率有正相关关系。例如，在建立团体时，成员之间存在冲突时的绩效要优于没有冲突时。研究者发现，群体在分析个体成员所做的决策时，高冲突群体绩效的平均提高率是73%，明显高于低冲突群体。其他研究也得出了相似的结论：由具有不同兴趣爱好的成员组成的群体相对于同质化群体来说，倾向于产生更高质量的解决方案来应对各种各样的问题。

正如真理46"团队多样性的价值"所证实的那样，群体和组织中个体文化的差异性能够增强群体和组织的创造力、提高决策的质

㊀ 功能性冲突是指支持群体目标并能提高群体的工作绩效的冲突。——译者注

量,并能通过提高个体的灵活性促进变革。例如,研究人员把单由英国人组成的决策群体与由亚洲人、西班牙人组成的群体做比较。结果表明,民族多样性群体会产生更有效和更可行的想法,而且与英国人组成的群体相比,他们这些独特的想法具有更高的质量。同样,系统分析师和研发科学家的研究也支持冲突的建设性价值。一项由系统分析师设计的关于22个团队的调查研究发现,团队成员越互不相容,团队越富有成效。研发科学家也发现,存在一定知识冲突的团队是最富有成效的。

真理 50
当心群体思维

你会不会像我一样,在一个会议或群体背景下,想要说出自己的观点却又决定放弃?我们为什么不大声说出来呢?如果我们想说的不符合群体的主流观点,那么我们可能已经成为群体思维的受害者。这种现象发生在当群体成员都关注寻求共识、达成一致,而不能对那些存在偏差或不受欢迎的观点做出合理评估的情况下。它体现了在群体压力下个体的思维效率和对现实的判断力下降。

我们看到的群体思维现象有多种表现:

1. 群体成员认为群体假设不容置疑。不管事实与基本假设之间的冲突多么强烈,成员的行为都在继续强化原有的假设。

2. 对于那些偶尔怀疑群体共同观点的人,或者质疑大多数人所信奉的论据的人,群体成员会对他们施加直接压力。

3. 那些持有疑问或不同看法的人,往往通过保持沉默甚至降低自己看法的重要性来尽量避免与群体观点不一致。

4. 在群体中存在一种全体一致的错觉。在群体思维中,如果某个人保持沉默,那么大家往往认为他赞成大多数人的观点。换句话说,弃权者被当作赞成者。

对美国历史上外交决策的研究表明,在不成功的政府决策中,这些群体思维的表现处处可见。比如,挑战者号航天飞机灾难事件和哈勃望远镜上主镜的失误都与美国国家航空航天局(NASA)的决策过程有关,其中存在明显的群体思维。

> 在群体思维中,如果某个人保持沉默,那么大家往往认为他赞成大多数人的观点。

群体思维会腐蚀所有的群体吗?答案是否定的。它似乎经常发生在群体中有清晰的认同感、成员想维护群体形象、群体觉察到正面形象受到威胁等情形下。因此,群体思维不是一个压制反对者的抑制机制,而是群体保护自身正面形象的一种手段。例如,在挑战者号航天飞机灾难和哈勃望远镜上主镜的失误中,NASA企图维护自己作为"不可能犯错的精英组织"的形象。

作为一名管理者,你如何使群体思维的影响最小化?你可以做的一件事是,当作为群体的领导者时,你应该扮演公正的角色。你应该积极寻求所有成员的观点,避免表达自己的观点,特别是在讨论的初期。你要做的另一件事是任命一名成员扮演反面"魔鬼"角色,这个角色要公开挑战主流看法,并提供不同的观点。还有一个建议就是在没有威胁到群体利益和没有强化身份保护的情况下,利用练

> 群体思维不是一个压制反对者的抑制机制,而是群体保护自身正面形象的一种手段。

习来激发成员对不同备选方案的积极讨论。这样的练习包括让成员谈论参与决策的危险或风险，推迟对任何潜在收益的讨论。通过要求成员首先关注决策的消极方面，群体不太可能扼杀异议，从而更有可能获得关于方案的客观评价。

真理 51
如何减少工作与生活之间的冲突

20世纪60年代或70年代，员工的典型特征是从周一到周五都要上班，而且每天工作8~9个小时。工作场所和工作时间显然是被指定的。这些做法对于现在的劳动力来说已经不再适用。员工不断地抱怨工作和非工作之间的界限变得模糊，这无疑增加了个人的冲突和压力。

有许多因素导致了工作和生活界限变得模糊：第一，组织的全球化意味着他们的员工从不能休息。例如，通用电气的员工每时每刻都在世界不同的国家工作着。为了满足10个或15个时区同事或客户的咨询需求，许多跨国企业的员工都是一天24小时"待命"。第二，通信技术的发展使得员工可以在家里、在自己的车上或在塔希提岛的海滩上进行办公。这让许多从事技术性和专业性工作的员工可以在任意时间、任意地点完成他们的工作。第三，组织要求员工在工作上投入更多的时间。在美国，85.8%的男性和66.5%的女性每周工作时间超过40小时。最后，大多数家庭不止一个人赚钱。现在的已婚员工通常组成的是典型的双职工家庭，经常把孩子留在家里。在20世纪60年代，只有20%的母亲在外工作。现在，70%的美国儿童被独自留在家中，所有的成年人都出去工作了。这使已婚员工找时间来履行自己对家庭、配偶、子女、父母、朋友的承诺变得越来越困难。

员工们越来越认识到工作正挤占个人生活，他们对此感到不满。最新研究表明，员工希望他们的工作安排具有灵活性，以便他们能更好地处理工作与生活之间的冲突。此外，员工的下一代极有可能展现出相似的关注点。多数大学生指出要把获得个人生活和工作间的平衡作为主要的职业目标之一。他们想要拥有生活，也要拥有工作。那些不帮助员工实现工作和生活平衡的管理者们将会发现，吸引和留住有能力和积极性的员工变得越来越困难。

因此，作为一名管理者，你能做什么事情来帮助那些正经历工作与生活冲突的员工？答案是：给他们弹性的时间和选择权。具体来说，就是给员工提供弹性工作时间、远程办公、带薪休假、现场支持服务（如儿童保育及健身）。还有其他的选择可以使员工的生活变得更容易，比如工作分担、子女夏令营、老年人护理转诊服务、干洗接送、汽车保养、帮配偶找工作、免征所得税及提供法律咨询服务等。

许多高科技公司正着手帮助员工在工作与生活之间取得平衡。

例如，英特尔公司在旧金山海湾地区设立卫星办公室来满足不想进总部工作的员工的需求；思科花费1000万美元建立托儿中心，可以容纳440名儿童；微软提供免费的杂货快递；高通在办公场所设立健身中心；谷歌有免费的医生，并在员工升为父母开始照顾新生儿的前四个星期给员工价值高达500美元的外卖餐券。

真理 52
谈判与胜负无关

谈判是关于胜利和失败的,对吗?不是的。

不论是工作目标的设定还是团队加薪,谈判是针对各种各样的问题达成一致的实用、强大的管理工具之一。但是,谈判过程并不是为了某一方获胜,而是找到一个双方都满意的解决方案。我们考虑的是"双赢",而不是"非赢即输"。

我们考虑的是"双赢",而不是"非赢即输"。

也就是说,解决方案能使你和对手都感到胜利,而不是零和结果,即你的收益来自对手的支出。

成功的谈判开始于细致的计划。谈判前要尽可能多地获得关于对手的利益和目标的信息。什么是对手实际需要和想要的?哪些地方是对手必须做出让步的?对手的策略是什么?对于对手的目标,你的最优估计是什么?对手如何保证实现那个目标?什么样的结果是对手会考虑接受的?这些信息将帮助你了解对手的行为,预测对手对你提出方案的反应,根据对手的利益,从容确定你的对策。

下一步就是创建你自己的策略。你所处的情形是否有利?这个问题重要吗？你愿意撇开差异达成早期的解决方案吗？你愿意接受的最差的结果是什么？就像一个好的棋手，你要事先考虑到你的对手可能采取什么行动，然后针对每一步做出有效的回应。

利用一个积极的序曲开启一场实际的谈判，这个序曲可以是一个小的让步。研究表明，让步往往会产生回报行为，从而促成双方达成一致。回报对手的让步可以进一步促成积极谈判氛围的形成。不要对你的第一次报价感到畏缩，创建一个初始报价可以提供一个展示良好意图和开放讨论的机会。与许多人的想法相反，你要从做第一个惠顾他人的人开始，没有别的路可以走。

对事不对人。你要专注于谈判的问题，而不是对手的个人特征；要避免挑衅或者攻击你的对手。如果对手觉得受到威胁，那么他们会集中精力维护自尊而不是解决问题。你所反对的是对手的想法或姿态，而不是他个人。你要把人与事分开，不要把分歧个人化。

> 对事不对人。

你要尽量保持理性、目标导向型心境；要控制好情绪，不要随意发火。你可以让其他人发泄，但不包括自己。

虽然给出一个提议、把对手给出的初始提议仅仅当作一个起点符合你的最佳利益，但不要对此给予过多的关注，因为初始提议往往是极端的、理想化的。

要注重达成双赢的谈判方案，这有利于建立长期的合作关系，并可以使未来的协同工作更容易。例如，你可以考虑创建附加的备选方案，特别是做出低成本的且对你的对手来说具有较高价值的让步。你要根据对手的利益确定选择项，并且寻找让你们都能宣布胜利的谈判方案。

The Truth About Managing People

第七篇
绩效评估的真理

真理 53
年度评估：最好的惊奇就是没有惊奇

据统计，90%的绩效评估被判定是无效的，而40%的员工说他们从未被评估过。显然，这是一个急需改进的管理活动。

许多年前，假日酒店（Holiday Inn）推广了一个广告宣传活动的口号："最好的惊奇就是没有惊奇！"时至今日，在管理者进行年度绩效评估时，这个口号依然很有借鉴意义。

很少有管理者喜欢绩效评估。为什么呢？似乎至少有三个原因。

首先，管理者通常不愿意直接与员工讨论他们在工作中表现出来的缺点。鉴于几乎所有的员工都需要在某些方面提高，管理者担心当他们给予消极反馈时会出现对抗。这甚至可以适用于人们给一台电脑负面反馈时的情况。比尔·盖茨叙述过微软曾经进行的一项调查，要求用户对他们使用的电脑做出评价。"当我们出了第一台计算机并要求计算机用户评价其性能时，回应往往是积极的。但是当我们出了第二台计算机并要求同一个人来评价他们使用的第一台计算机时，

> 管理者通常不愿意直接与员工讨论他们在工作中表现出来的缺点。

评价人明显挑剔多了。"人们不愿意"当面"批评第一台计算机表达了他们不想伤害它的感情，尽管他们知道它仅仅是个机器。

其次，当员工的弱点被指出时，他们会倾向于变得更加具有防御性。一些员工并非将反馈视为建设性的，也没有将其作为提高绩效的基础，而是以批判管理者或责怪他人的方式对评价结果进行驳斥。举例来讲，一项在费城进行的关于151个区域管理者的调查发现，98%的管理者在对员工进行负面评价后都遇到了某种类型的攻击。

最后，员工通常倾向于高估自己的绩效。从统计上来讲，50%的员工的绩效应该低于平均水平。但是有证据表明，员工对自己的工作绩效水平的平均估计通常位于75%。因此，即便管理者做出的评估结果是积极的，员工还可能认为它不够！

解决绩效反馈问题的方法具有双重性。首先，管理者不应该废止绩效反馈，相反，应该不断地进行绩效反馈。管理者不要仅仅在年度评估时才对员工进行集中的绩效评估。

> 员工通常倾向于高估自己的绩效。

管理者应该持续提供相应的反馈。这样，进行正式的评估时，员工就不会认为结果出人意料。正式的年度评估应当是员工全年所有评估的汇总。持续提供反馈对于Y世代员工来说特别重要。正如我们在真理35"代际有差异，管理有区别"中所指出的，这个群体喜欢频繁的绩效反馈。例如，一项对安永会计师事务所员工的调查发现，85%的Y世代员工表示他们这个年龄段的人希望得到频繁而坦率的绩效反馈，而婴儿潮时期出生的人中仅有一半同意这种观点。

其次，所有的管理者都应该就如何进行建设性反馈接受培训。一个有效的评估是这样的：员工感到评估是公平的，管理者是真诚的，氛围是具有建设性的。这样可以使员工以一种乐观的情绪结束绩效沟通面谈，并了解到他（她）在工作中需要提高的地方，同时下定决心纠正自己的问题。

真理 54
不要责备我！自我服务偏见的角色

你是否注意到人们擅长把失败归咎于外界，而将成功迅速归功于自己？这不是一个随机的现象。事实上，这是可以预测的。

我们对于人的感知不同于对诸如机器或建筑等无生命物体的感知，因为我们会推断人们的行动，但不会去推断无生命的物体的变化。这样的结果是，当我们观察别人时，会试图解释他们的某种行为方式。因此，我们对某个人的内心状态的假设会显著影响我们对其行为的感知与判断。

我们判断个体之间差异的方式，取决于我们赋予某种特定行为的意义。

归因理论（attribution theory）可以帮助我们解释我们判断个体之间差异的方式。该理论认为，判断方式取决于我们赋予某种特定行为的意义。基本上，当我们观察个体的行为时，我们会试图确定这是由内部因素还是外部因素引起的。然而，这个判断在很大程度上取决于三个因素：① 区别性（distinctiveness）；② 一致性（consensus）；③ 一贯性（consistency）。首先，让我们澄清内在归因和外在归因的差异，然后我们将详细说明这三个决定因素。

内因引起的行为是指那些被认为受个体控制的行为；外因引起的行为被视为来自外部的原因引发的行为，也就是说，这种行为是情境促成的。如果你的一个员工迟到了，你可能会将他的迟到归因于他参加狂欢派对到凌晨，然后睡过了头，这就是一个内在归因。但是，如果你将他的迟到归因于在其经常通过的道路上发生了一起交通事故而引起的道路堵塞，那么你就在做一个外在归因。

区别性是指一个个体是否在不同的情况下表现出不同的行为。今天迟到的那个员工是否也是同事们抱怨的"游手好闲的人"？我们想知道的是这个行为是否不同寻常。如果是，观察者可能给行为做出外在归因。如果这个行为没什么不同寻常，观察者就会对它做出内在归因。

个体倾向于将成功归功于自身的内部因素，诸如能力或者努力；而将失败归咎于外部因素，如运气。

如果所有人在面对同样的情况时都会有相同的反应方式，我们可以称这种行为显示出了一致性。如果所有走同样路线的员工都迟到了，迟到的员工就将满足这一标准。从归因的角度来看，如果一致性程度高，管理者将会对员工的迟到做出外在归因；如果走同样路线的其他员工都按时上班，管理者的结论将属于内在归因。

最后，需要观察个体行为的一贯性。个体是否长时间对同样的情况具有同样的反应方式？员工对上班迟到10分钟的感知方式并不相同：对于一些员工来讲，这是不寻常的（近几个月来都没有迟到过）；对有些员工而言，这是一个惯例（每周都要迟到两三次）。行为越具有一贯性，观察者则越倾向于做出内在归因。

关于归因理论的一个有趣的发现是，有很多的错误和偏见会对归因产生影响。例如，个体倾向于将成功归功于自身的内部因素，诸如能力或者努力；而将失败归咎于外部因素，如运气。这种自我服务偏见（self-serving bias）往往使员工无法诚实和准确地对自己的绩效进行反馈。对员工绩效的反馈常常被接收者扭曲，这取决于绩效评估是积极的还是消极的。因此，当员工因希望得到一个积极评估而调整自己，去把消极评估归咎于外部因素时，我们就不必感到惊诧了。

真理 55
判断他人：做出更好决策的注意事项

绩效评估的过程需要做出一系列的决策。通过多年的学习，我们发现决策中充满了偏见。在这里，我们想要提醒你容易做出的一些扭曲的判断，并提供可以减少这些扭曲的一些建议。

过度自信偏差（overconfidence bias） 当我们被置于真实的问题下，被要求判断我们给出答案正确性的概率，我们倾向过分乐观。例如，研究发现，当人们表明他们有65%～70%的自信相信他们是正确的时，事实上他们仅有50%的可能性是正确的；当他们100%肯定时，往往只有70%～85%的正确性。

> 决策中充满了偏见。

当我们进行绩效评估时，这种乐观的偏差会使我们对于评价的准确性过分自信。那么，我们能做什么呢？首先，我们要认识到自己过于自信。同时，我们还要努力寻找一些辩驳的证据，以及那些表明自己的评价可能出错的原因。来自他人的评价信息可以帮助我们限制这种偏见。

可用性偏见（availability bias） 我们倾向基于容易获得的信息

做出判断。事件可以唤起情绪，尤其是生动的事件或是近期发生的存在于我们记忆中的事件。这种偏见解释了为什么管理者在进行绩效评估时，更加重视员工近期发生的行为，而非6~9个月前发生的行为。

我们提供两个建议来避免这种偏见。第一，不要依赖你的记忆力。对你的每个员工记日记，记录他们的工作表现并定期更新。第二，质疑你的数据。问问自己："我是不是受到可用的、近期的或者生动的信息的过度影响？"

选择性知觉偏见（selective perception bias） 任何使一个人突出的特征都将会增加其被感知到的可能性。为什么呢？因为我们不可能接收我们所看到的一切，只有有限的一些刺激物可以被接收。这种倾向解释了为什么一些员工会因做了某事而受到老板的谴责，而其他员工这样做时却被忽视。因为我们不可能观察到我们周围的一切，我们进行的是有选择性的感知。这使我们能"快速阅读"他人，但这就存在描绘画面不准确的风险。

我们无法消除选择性知觉。所有人都会在每种情境下把我们过去的经验、态度和既得利益联系起来。但是，我们可以通过承认没有纯粹的客观，积极努力地去减少我们的认知偏差："真和美都是情人眼里出西施"；通过评估那些可能会阻碍我们看到的真实情境的自我期望来帮助我们理解认知偏差；问问与自己拥有不同期望的其他人在同样的情境下看到的是否不同。

确认偏差（confirmation bias） 这实际上只是选择性感知的一个特例，尽管如此，也是绩效评价中一个常见的问题。我们寻找可以再次确认我们过去选择的信息，我们忽视那些与过去判断相冲突的信息。我们也倾向于接受任何信息的表面价值以确定我们先入为主的观点，而对于那些试图挑战这些观点的信息持批判和怀疑的态度。在绩效评价中，当我们喜欢某些人时，我们寻找信息来确认这一想法；而当我们不喜欢某些人时，恰恰相反。

确认偏差很难被克服。显而易见的方案就是积极寻找相反的或者不能确认的信息，而这对于人们来说是很难做到的。最好的建议就是诚实坦白你的动机。你认真努力地得到信息是为了做出明智的决策，还是只想寻找证据来证实你想做的事情？你需要特意地寻找不能确认的信息，这意味着你需要准备好听你不想听到的。你还需要练习持有怀疑的态度，直到它成为你的一种习惯。你必须训练自己，持续地挑战你所青睐的信念。

> 我们寻找可以再次确认我们过去选择的信息，我们忽视那些与过去判断相冲突的信息。

真理 56
应对职场越轨行为

肖恩很沮丧，他的一个同事不断散布关于他的小道消息，充满恶意且子虚乌有。丹娜很烦恼，她有个同事，一旦工作遇到问题，就将他的困难大声发泄给丹娜和其他同事们。至于塔尼亚，干脆就辞去了牙医的工作，因为她受不了诊所老板一而再再而三的性骚扰。

这三幕场景有什么共性吗？显然，员工遭遇了职场越轨行为（DWB）。其定义是，违反重要组织规范，危害组织及其成员福祉的故意行为。研究表明，组织中的此类行为有增无减。雇员报告的来自老板和同事的粗鲁和无礼行为，近年来持续增加。差不多近半数雇员说他们因为遭遇粗暴言行而心生去意，有12%的雇员因此而离职。另一个研究调查了1500人，发现除了产生离职意向之外，无礼言行还导致员工的心理压力和身体疾病显著增多。

职场越轨行为分四种类型：① 财产越轨行为，指雇员不当获取或损坏有形财产或资产的行为,包括破坏公司资产、谎报工时、偷窃公司财物;② 产品越轨行为,指违反正式的产品质量和数量标准,包括提前下班、故意怠工或者浪费资源;③ 政治越轨行为,指那些置他人于不利的人际关系和政治关系境地的行为,包括显示出偏袒、编造和传播流言蜚语、归咎于同事等;④ 人身侵害,指对他人实施的具有侵略性的行为,包括性骚扰、出语伤人、偷窃同事的私人财物。

上述任何一种行为都会危害一个部门或者整个组织的绩效。那么,职场越轨行为是如何产生的呢?作为一个管理者,你又当如何限制它呢?研究人员已经认定了一些可能的因素导致员工实施越轨行为,它们包括:员工感觉受到了不公正待遇,对管理者缺乏信任,对公司的政策不满,群体规范鼓励和支持无礼行为。

广泛而明确的沟通是解决越轨行为的首要方法。沟通的内容包括工作职位描述、公司政策、文化规范,尤其重要的是,对员工可以接受的行为、不可以接受的行为必须

> 广泛而明确的沟通是解决越轨行为的首要方法。

毫无保留地讲清楚。一旦规则遭到践踏,你必须立即做出响应,纠正问题。此外,在践行人力资源规范时,你应该让大家感到公平合理,包括补偿金、绩效考核和晋升制度。最后,你需要取信于民、以身作则。

值得注意的是,科技改变了社会,一些在10年前看来有些越轨的行为,现在也可以被人们接受了。尤其是,个人移动通信

设备已经司空见惯，以"收邮件"和"答复客户短信"为名义的非生产性时间浪费，几乎成了每个人的通病。你需要重新思考对数字化干扰的容忍度。零容忍，眼下看是行不通的，反而会打击士气。你有责任制定出合宜的规定。

The Truth About Managing People

第八篇
应对变革的真理

真理 57
多数人会抵触不能给他们带来好处的任何变革

在组织行为的研究中论证最充分的发现是：组织和它的成员们抵制变革。从某种程度上说，抵制是有积极意义的。它使得行为在一定程度上是稳定和可预测的。如果抵制完全消失，组织中的行为将会呈现出一片混乱的局面。抵制变革也可能引发功能性冲突。例如，对一个重组计划或者变更生产线的抵制可以激发对这个问题的优缺点的良性讨论，从而得到更好的决策。但是，抵制变革也有明确的消极面——阻碍适应和进步。

抵制变革的表现形式不是固定的。抵制可以是公开的，也可以是隐蔽的；可以是即时的，也可以是延迟的。如果抵制是公开的和即时的，那么管理者处理的难度是最小的。比如，一个变革出现之后，员工们立即道出怨言，开始消极怠工，并威胁要举行罢工，或诸如此类。当抵制是隐性的和延迟的时候，管理者面临的挑战是最大的。隐性的抵制更微妙。比如，对组织不忠、工作动力不足、与日俱增

> 抵制变革会阻碍适应和进步。

的失误和差错，以及因假借生病而导致的缺勤，这些都更难以察觉。同样，延迟行为可以使抵制的来源和行为之间的联系变得模糊不清。在初始阶段，变革引起的或许只是似乎很微小的行为，但是经过数周、数月甚至数年之后，抵制才浮出水面；或者，在自身看来一个只有很小影响的变革，却成为压死骆驼的最后一根稻草。

对变革的抵制可以来自个人也可以来自组织。我们首先从一些个人因素说起，包括习惯、安全感、经济因素和对未知的恐惧。

作为人类，我们都是惯性生物。生活已经足够复杂，对于我们每天都要做出的成千上万个决定，我们不需要一一考虑所有的选择。为了应付这种复杂性，我们皆依赖于惯性或者程序性反应。然而，当我们面对变革时，这种基于惯性的反应就会成为变革的阻力来源。具有高度安全需求的人可能会因为安全感受到威胁而抵制变革。另一些个人抵制变革的原因是变革可能令他们的收入下降。有关工作任务和例行公事的变革也可能引起人们在经济方面的担忧。人们害怕没有能力以原先的标准来完成新的工作任务和事务，尤其是当薪酬和生产率紧密相关时。变革带走了已知的事物，取而代之的是模糊性和不确定性。人们不得不用未知来换取已知，恐惧和不安便会随之而来。

组织本身的性质是保守的。因为结构化和群体惰性，加上变革对个人专长、权力关系和既定资源分配带来的威胁，组织会主动抵制变革。

组织具有产生稳定性的内在机制。例如，选拔程序会系统地选出或剔除一类人选；培训会强化特定的角色要求和技能；正规化为员工提供应该遵守的工作描述、规则和程序。结果是，当组织面对变革时，结构化惰性（structural inertia）就会作为一种平衡力来维持稳定。即使个人想改变他们的行为，群体准则也会起到限制作用。组织模式的变革或许会威胁到组织内部特定群体的专长和确定已久的权力关系。例如，组织中那些掌握着相当资源的群体经常把变革视作一种威胁，他们更满足于现有的方式。

组织具有产生稳定性的内在机制。

作为一名管理者，所有这些对你意味着什么？首先，发起变革是大多数管理者的一个重要工作。其次，你要预料到对变革的抵制会有多种形式。最后，你要做好削弱阻力的准备。正确的做法是为接受变革提供奖励，就变革的原因进行沟通，并让受变革影响的员工参与到变革决策中去。

真理 58
通过参与来削弱变革阻力

约翰·罗斯的罗斯萌芽（Rose Bud）面包咖啡馆开业已经一年了，并且经营得很好。在短短的 12 个月内，原来租的 1200 平方英尺（1 平方英尺＝929 平方厘米）的土地已经无法与生意的增长相匹配，所以他决定通过协商接管旁边另外 1000 平方英尺的土地。而后，他做了一件让他的许多生意场上的朋友感到十分奇怪的事。在一个星期三，他关门打烊了一整天，却照常付工钱让他的 11 名员工来上班。从上午 8 点开始，约翰列出了他的问题——经营场所不足的问题，以及解决的方法——租用另一块土地。但是，他随后说道："对于生意和我们的需要，你们了解的和我一样多。我想用一天的时间来了解你们对如下一系列问题的看法。比如，厨房应该重新设置在哪个位置上更好？怎样设计新的空间让顾客尽可能通畅地流动？我们应该给展示台和就座处各留出多少空间？我们应该考虑提供一些什么新的东西？如何把这两处结合起来，才能对我们的日常操作造成最少的干扰？什么时候才是搬迁的最佳时机？"

如约翰所预料的那样，他从员工那里得到了极好的反馈。雪莉·梅尔是厨房里的一名员工,她总结了大多数员工的感受:"我很感谢约翰让我们参与讨论。我现在理解正在发生的事情,我百分之百支持他。"

让员工参与到对他们有影响的决策中去也并不是万能药。参与只能对某些因素起到适度的作用,比如员工生产率、动机和工作满意度。但是,正如约翰·罗斯所理解的那样,它是削弱变革阻力的有效力量。比如,一项对意大利电业的 300 名中层管理者的研究发现,参与能够主动地激发人们对变革更积极的态度,并且减少变革的阻力。同样,一个大型电子通信公司正在经历战略的重新定位。研究者对该公司 138 名管理者的研究发现,在员工对参与的认知和阻力减少之间存在着强相关关系。

一个人很难拒绝由自己参与而做出的变革决定。因此,做出变革决定之前,管理者应考虑参与的条件是否合适。那么,这些条件是什么呢?首先,应该有足够的时间让员工参与。组织中的很多决定需要在很短的时间内迅速做出。这样的决定不能交给员工参与。其次,要求员工参与的事项应该与他们自身的利益相关,应该关系到员工的工作、福利或者与员工感兴趣的某些事物紧密相关。再次,员工应该有参与的能力。这涉及能够为决策过程做出贡献的智力、技术、知识和沟通能力。最后,组织的文化应该支持员工的参与。当公司的组织文化长期被专制的决策方式所主导,而忽视员工投入的时候,员工不大可能会认真地参与。

> 一个人很难拒绝由自己参与而做出的变革决定。

当这四个条件都存在时,参与可以削弱变革阻力、赢得承诺、提升变革决策的质量。管理者也发现了多种方式使员工加入到与变革有关的决策中去。以建议项目（suggestion programs）为例，它的目的就是识别并奖励那些提出变革建议的员工。品质圈（quality circles）则为共担责任的员工小组提供了很多机会，使他们能讨论质量问题，以及调查导致这些问题出现的原因并提出管理层需要的解决方案。许多企业让员工代表加入到处理主要变革的执行任务的主力军中。越来越多的北美公司开始采用西欧流行的做法，即在他们的董事会中加入员工代表。

> 参与可以削弱变革阻力、赢得承诺、提升变革决策的质量。

真理 59
培养创造性员工

今天的职场通常会鼓励创意和创新。研究证据也支持这个结论。一项针对不同国家不同行业的高层管理者的调查研究问道:"创新对你所在企业的重要程度有多高?依据重要性,给出 1~10 分的打分。"这些高管都打出了非常高的分数:通常是 9 分或 10 分。他们认为创新是企业成长的第一要素。

创新的定义是,适用于实施或者改善产品、流程或者服务的新想法。所有的创新都取决于创意。在本文中,我们讨论创意的定义、谁拥有创意,以及管理者如何促进员工的创意活动。

创意是产生新颖而有用的想法的能力。我们绝大多数人都有创意的潜质。但是,若要释放这个潜质,

> 创意是产生新颖而有用的想法的能力。

我们必须摆脱许多人都有的心理上的定式,学习发散的思考方式。人们固有的创造力的确有高下之分,而超常的创造力是极为稀少的。

一项针对 461 个人(有男有女)终身创造力的研究发现,只有不到 1% 的人拥有超乎寻常的创造力。10% 的人创造力优秀,60% 的

人稍微有些创造力。这个研究说明大多数人还是有些创意潜质的。如果你想雇用创意人才,是不是存在一些表征创意能力的个人特质可以让你发现呢?是的。经验的开放性得分高的人会比其他人更有创意,还有理解能力强的人也是。其他特质还包括独立性、自信、勇于冒险、内在决策与控制、对不确定事物的容忍度、对结构性的低需求、面对挫折不屈不挠。

> 专业知识是一切创意工作的基础。

在寻找创意人才时,千万不要忽视专业知识的重要性。专业知识是一切创意工作的基础。当个体有能力、有学识、熟练、在所从事领域有相类似的专业技术时,其创意的潜能才会更强。例如,对于一个软件工程师来说,如果他的编程知识少得可怜,你能期望他在这方面有很强的创造力吗?

当员工被雇用以后,管理者怎样做才能释放员工的创意潜质呢?答案是要创造恰当的工作环境。首先,管理者要为员工匹配能够使他产生内驱力的工作。如果人们发现他们的工作有趣、很过瘾而且有挑战性,就会激发他们的创意之源。其次,管理者要确保组织架构中的繁文缛节、条条框框不会成为员工发挥冒险精神、行使自由裁量权,以及与同事交流的障碍。过度僵化的规章制度限制了员工的自主性,会严重影响其创意的发挥。最后,不要忽视领导的作用。作为一名管理者,若想促进你的团队提升创造力,你可以鼓励他们,表现出情感支持,提供充足的资源,使你的部门运营更透明,用持续不断的培训和教育去帮助员工发展。

真理 60
员工离职可以是一件好事

传统的观点认为自愿离职会对组织产生消极的影响。当员工放弃工作、不得不被替代时，组织便产生了显性和隐性的成本，包括招聘、选拔和培训新入职者的费用，以及由于工作流程中断而带来的额外的低效率，因为新入职者需要了解他们的工作，会犯错误，以及要开始"加速"去理解组织文化。

尽管这种传统的观点直觉上是很令人信服的，但它只是一个粗略的概括。证据显示，低概率的离职可以是功能性的，尤其是在某一组织或部门内部。

为什么离职可以是功能性的？请让我提出至少三个理由。首先，离职可以清理出低效率的生产者。如果我们的管理追求最低的离职率，那么识别并清理出低效率员工的可能性就会降低。当低效率员工被清除时，组织的整体表现水平就会提高。其次，离职会增加晋升机会。企业的晋升阶梯上面腾出的新位置会为留下的员工提供机会。最后，离职会增加功能性冲突，反过来，也会增加劳动力的创造性、灵活性和适应性。新员工提供了新鲜的观点和视角。在激励呆滞的和僵化的团队时，离职显得尤其有价值。

离职有利于组织控制员工劳动成本。 在很多工作中，工资似乎一直在上涨，但是生产效率的增长却没有可比性。员工每年都能得到加薪，他们的工资每年都在上涨，但是他们的贡献却基本没有改变。这种情况并非少见。比如，一个工作了15年的员工比跟他职务相当的工作了2年的员工多拿一半到一倍的薪水——不同之处只是因为在组织中任期的时间长短不一样。另外，如果把员工的利益看作直接劳动成本的一部分，当资历老的员工增多时，这些成本也会上升。举个例子，一个新员工或许每年能拿到2周的假期，而一个职务相同的老资历员工却能得到5周的假期。

有没有组织追求一种功能性离职的战略呢？答案是肯定的，如一些大型公司，雅虎、康菲石油公司和四大会计师事务所。这些公司执行"强制排名"的政策：凡是排名垫底的员工都会被解雇。这种方法，反过来会鼓励那些表现不佳的员工在他们被解雇之前自愿离职。尤其是四大会计师事务所，它们声称通过维持10%~12%的离职率来保持高的业绩水准。

赞成自愿离职的观点是需要一些条件来支持的。也就是说，没有证据证明组织中过高的离职率是有好处的。较低或者适中的离职率才能为组织带来利益。此外，在依赖知识型员工的工作和组织中，较低到适中的离职率可能更有效。以高科技公司来说，公司的发展高度依赖创意和创新。在这样的组织中，缺乏离职会导致僵化和沉闷。同样，像市场、研究和产品发展部门也依赖于新鲜的观点来维持自身的成长。与此相对的是，在高度依赖低工资员工的工作和组织中，员工离职几乎对组织功能只有不良的作用。

我们的结论是，管理者不能想当然地自认为全力降低全体员工的离职率就是符合组织最高利益的。在很多情况下，离职可以是功能性的，尤其当应该离开的人离职的时候。

> 离职可以是功能性的，尤其当应该离开的人离职的时候。

真理 61

裁员：不能忽视幸存者

在过去的10年中，许多大型公司进行了裁员。仅仅在2014年，各种不同的公司，诸如微软、默克、思科、沃尔沃和时代公司，都宣布了大规模裁员。

管理者通常会忽视裁员对幸存者的影响。当宣布裁员决定时，人们很容易把注意力放在那些失去了工作的人身上。我们能想到他们会遭受沮丧、焦虑等消极情绪的折磨。作为回应，组织会给他们提供新工作介绍、心理咨询、支持小组和延长救济的项目。我们的确是想使解聘给那些失去工作的人带来的创伤最小化，但是管理者往往忽略了裁员对幸存者的影响。越来越多的证据表明，裁员对那些留下来的员工有重要的影响。管理者忽略这些影响，或者不能很好地处理的话，组织的绩效就很可能会出现严重下滑。

有证据显示，受害者和幸存者都有沮丧、焦虑和失落等类似的感受。但是，遭到裁员的受害者能够继续前进重新开始。而对于幸存者来说，却并非如此，他们很可能患上裁员幸存者综合征（layoff survivor sickness）。其症状包括：对工作产生不安全感；感受到不公平；失落；因工作量增加而有压力；对变革产生恐惧；忠诚感和承诺缺失；冒险意识和动力下降；满足于工作的最低标准和害怕被隔绝；对高层管理者失去信心。

有证据显示，受害者和幸存者都有沮丧、焦虑和失落等类似的感受。

管理者怎样才能缓解这些症状呢？这里提出以下四步：

第一步：要仔细规划裁员的进程。设计良好的裁员程序并不能治愈幸存者，但是能够防止症状的进一步加重。设计良好的程序有以下特点：让裁员变得清楚、迅速；为受害者和幸存者提供足够的信息；提前告知受害者；用诚实可信的情感去沟通；公开公平地解释裁员决定。另外，如果可能的话，管理者可以允许员工参与到程序设计中来。

第二步：允许员工面对压抑的感受和情绪时发泄情感。即使是处理得很好的裁员，幸存者也会感觉受到了冒犯。在他们能够继续前进之前，他们的情感应该得到宣泄。他们必须经历一个类似亲人去世后的悲伤过程。其中一个最有效的手段是运用团队的力量让幸存者的情感释放出来。在相对短的时间里，大多数团队都能成功地做到这一点。

第三步：打破组织依赖的束缚。这一步力图帮助幸存者重塑他们的控制感和自尊。前两步是针对幸存者已有的症状，而这一步是在初始阶段提供了阻止症状发生的可能。它让员工从对组织的依赖转向自我导向的职业发展。现在的工作要求员工具备可转移技能，并且能够独立于他们的雇主。员工的忠诚已不再是对组织，而是对自己的职业发展生涯来说的。打破这种依赖关系的重点就在于个人的努力。

第四步：重塑组织系统以减弱产生依赖的程序。最后一步试图帮助员工对裁员幸存者综合征产生免疫。组织历来做了很多事情来培养员工对组织的依赖性，如：按论资排辈的体制来进行提拔和奖励；培养忠诚；内部晋升；用长期的社会化过程把人们塑造成"理想型员工"；长期的职业生涯规划；不可转移的企业养老金计划等。组织必须清除这些家长式的做法。

真理 62
警惕速效策略

太多的当代管理者像有强迫症的节食者一样。他们在几周内（或几个月内）尝试最新最流行的管理方法，然后乐此不疲地追逐下一轮狂热。对管理者也是对节食者来说，一个悲伤的消息是：没有速效策略。

管理领域从来都不缺少咨询者。发展管理的专业人员和商业新闻记者把一个即时解决方案推销得可以解决复杂多变的管理问题。他们这么做已经超过半个世纪了。20 世纪 60 年代有目标管理、Y 管理理论、敏感性训练理论、工作丰富化理论、PERT 网络分析法和 BCG 矩阵。20 世纪 70 年代又有聚焦战略计划、矩阵式组织结构、承诺管理、弹性工作制和零基预算法。20 世纪 80 年代又出现了内部创业、质量圈管理、Z 理论、零库存系统、戴明的 14 条管理原则、自我管理团队和项目团队。20 世纪 90 年代出现了战略联盟、开发核心竞争力、全面质量管理、企业流程重组、大规模定制、标杆管理法、魅力型领导、愿景型领导、情绪智力、网络组织、学习型组织、开卷管理（open-book management）、自我管理生涯、业务外包、授权管理和 24/7 工作环境。进入 21 世纪，我们得知工作家庭平衡、社会资本、员工参与度、电子领导、虚拟组织、顾客细分、知识管理、工作场所精神境界和精力小憩（power napping）所带来的好处。最近两年，我们又得知了真诚领导、责任领导、设计思维、大数据、使用社交媒体战略等。

管理者，像所有的人一样，容易受潮流的影响，我在这里传达的信息只是想警示你：用户，请注意！

> 管理者，像所有的人一样，容易受潮流的影响。

总有些人一直在推销最新的管理技术。不幸的是，他们没有认识到在某一特定条件下效果最好的技术在其他环境下很有可能是无效的，更没有把技术放到权变的框架下来考虑。它们被鼓吹成万能的解决之道。极端情况下，管理者被驱使着从一个"速效万能药"转向另外一个。一个沮丧的执行官最近告诉我的话，说明了这个很清楚的事实："在过去的数年内，我们了解到利润比收益更重要，质量比利润更重要，我们的员工比质量更重要，顾客比我们的员工更重要，大客户又比普通客户更重要，而增长又是成功的关键。"

> 只靠一个新的观念并不能让一个平庸的管理者变得优秀，也不能让一个管理糟糕的组织迎来转折点。

在这些"速效万能药"中，它们的普遍主题，像那些节食书一样，讲的是解决复杂问题的全能方法。它们很少被呈现在具体的情形或者权变的视角下——这就是它们犯的错误。从它们自己的角度看来，每种方法都有管理者可以借鉴之处。这些方法就像工具箱里面的工具。但是，就像木匠无法只靠锤子解决每一个问题，管理者也不能只靠自我管理团队或者真诚领导来解决所有问题。企业管理是个复杂的工作。管理者需要把新的观点和观念当成额外的工具来帮助自己更有效率地工作。只靠一个新的观念并不能让一个平庸的管理者变得优秀，也不能让一个管理糟糕的组织迎来转折点。

参考文献

真理 1

The 1997 National Study of the Changing Workforce (New York: Families and Work Institute, 1997); S. Caudron, "The Hard Case for Soft Skills," *Workforce*, July 1999, pp. 60 – 64; S. Cline, "Soft Skills Make the Difference in the Workplace," *The Colorado Springs Business Journal*, April 1, 2005, p. 1; C. Klein, R. E. DeRouin, and E. Salas, "Uncovering Workplace Interpersonal Skills: A Review, Framework, and Research Agenda," in G. P. Hodgkinson and J. K. Ford (eds.), *International Review of Industrial and Organizational Psychology*, vol. 21 (New York: Wiley, 2006), pp. 80 – 126; "Most Wanted: 'People' People; Survey Shows Interpersonal Skills Can Trump Technical Knowledge in Job Search," *PR Newswire*, October 20, 2009; "4 Out of 5 Employers Look for Interpersonal Skills, Confidence and Enthusiasm Over an Academic Degree or Business Acumen," *Accountancy Ireland*, October 2011, p. 86; and N. Shuayto, "Management Skills Desired by Business School Deans and Employers: An Empirical Investigation," *Business Education & Accreditation*, vol. 5, no. 2, 2013, pp. 93 – 105.

真理 2

M. London and M. D. Hakel, "Effects of Applicant Stereotypes, Order, and Information on Interview Impressions," *Journal of Applied Psychology*, April 1974, pp. 157 – 62; T. M. Macan and R. L. Dipboye, "The Relationship of the Interviewers' Preinterview Impressions to Selection and Recruitment Outcomes," *Personnel Psychology*, Autumn 1990, pp. 745 – 69; N. Ambady and R. Rosenthal, "Thin Slices of Expressive Behavior as Predictors of Interpersonal Consequences: A Meta-Analysis," *Psychological Bulletin*, March

1992, pp. 256 – 74; and T. W. Dougherty, D. B. Turban, and J. C. Callender, "Confirming First Impressions in the Employment Interview: A Field Study of Interviewer Behavior," *Journal of Applied Psychology*, October 1994, pp. 659 – 65.

真理 3

W. Mischel, "The Interaction of Person and Situation," in D. Magnusson and N. S. Endler (eds.), *Personality at the Crossroads: Current Issues in Interactional Psychology* (Hillsdale, NJ: Earlbaum Associates, 1977), pp. 333 – 52; and A. Davis-Blake and J. Pfeffer, "Just a Mirage: The Search for Dispositional Effects in Organizational Research," *Academy of Management Review*, July 1989, pp. 385 – 400.

真理 4

M. J. Ree, J. A. Earles, and M. S. Teachout, "Predicting Job Performance: Not Much More Than g," *Journal of Applied Psychology*, August 1994, pp. 518 – 24; F. L. Schmidt, "The Role of General Cognitive Ability in Job Performance: Why There Cannot Be a Debate," *Human Performance*, April 2002, pp. 187 – 211; F. L. Schmidt, J. A. Shaffer, and I-S Oh, "Increased Accuracy for Range Restriction Corrections: Implications for the Role of Personality and General Mental Ability in Job and Training Performance," *Personnel Psychology*, Winter 2008, pp. 827 – 68; F. L. Schmidt, "Select on Intelligence," in E. Locke (ed.), *Handbook of Principles of Organizational Behavior: Indispensable Knowledge for Evidence-Based Management*, 2nd ed. (Hoboken, NJ: Wiley, 2009), pp. 3 – 18; and E. Byington and W. Felps, "Why Do IQ Scores Predict Job Performance?: An Alternative, Sociological Explanation," in R. M. Kramer and B. M. Staw (eds.), *Research in Organizational Behavior*, vol. 30 (Oxford: Elsevier, 2010), pp. 175 – 202.

真理 5

J. F. Salgado, "The Five Factor Model of Personality and Job Performance in the European Community," *Journal of Applied Psychology*, February 1997, pp. 30 – 43; P. H. Raymark, M. J. Schmit, and R. M. Guion, "Identifying Potentially Useful Personality Constructs for Employee Selection," *Personnel Psychology*, Autumn 1997, pp. 723 – 36; G. M. Hurtz and J. J. Donovan, "Personality and Job Performance: The Big Five Revisited," *Journal of Applied Psychology*, December 2000, pp. 869 – 79; J. Hogan and B. Holland, "Using Theory to Evaluate Personality and Job-Performance Relations: A Socioanalytic Perspective," *Journal of Applied Psychology*, February 2003, pp. 100 – 12; M. R. Barrick and M. K. Mount, "Select on Conscientiousness and Emotional Stability," in E. A. Locke (ed.), *Handbook of Principles of Organizational Behavior*, 2nd ed. (Hoboken, NJ: Wiley, 2009), pp. 19 – 40; H. Le, L. Oh, S. B. Robbins, R. Ilies, E. Holland, and P. Westrick, "Too Much of a Good Thing: Curvilinear Relationships Between Personality Traits and Job Performance," *Journal of Applied Psychology*, January 2011, pp. 113 – 33; A. B. Bakker, E. Demerouti, and L. L. Brummelhuis, "Work Engagement, Performance, and Active Learning: The Role of Conscientiousness," *Journal of Vocational Behavior*, April 2012, pp. 555 – 64; and J. A. Shaffer and B. E. Postlethwaite, "The Validity of Conscientiousness for Predicting Job Performance: A Meta – Analytic Test of Two Hypotheses," *International Journal of Selection and Assessment*, June 2013, pp. 183 – 99.

真理 6

R. D. Arvey, B. P. McCall, T. J. Bouchard, Jr., and P. Taubman, "Genetic Influences on Job Satisfaction and Work Values," *Personality and Individual Differences*, July 1994, pp. 21 – 33; D. Lykken and A. Tellegen, "Happiness Is a Stochastic Phenomenon," *Psychological Science*,

May 1996, pp. 186 – 89; R. Ilies, R. D. Arvey, and T. J. Bouchard, "Darwinism, Behavioral Genetics, and Organizational Behavior: A Review and Agenda for Future Research, " *Journal of Organizational Behavior*, March 2006, pp. 121 – 41; R. B. Nes, "Happiness in Behaviour Genetics: Findings and Implications, " *Journal of Happiness Studies*, June 2010, pp. 369 – 81; and M. Murphy, *Hire for Attitude* (NY: McGraw, 2012).

真理 7

D. Goleman, *Emotional Intelligence* (New York: Bantam, 1995); F. I. Greenstein, *The Presidential Difference* (Princeton, NJ: Princeton University Press, 2001); E. H. O'Boyle, Jr., R. H. Humphrey, J. M. Pollack, T. H. Hawver, and P. A. Story, "The Relation Between Emotional Intelligence and Job Performance: A Meta-Analysis, " *Journal of Organizational Behavior*, July 2011, pp. 788 – 818; D. Chrobot – Mason and J. B. Leslie, "The Role of Multicultural Competence and Emotional Intelligence in Managing Diversity, " *The Psychologist – Manager Journal*, October 2012, pp. 219 – 36; Z. Shooshtarian, F. Ameli, and M. Aminilari, " The Effect of Labor's Emotional Intelligence on Their Job Satisfaction, Job Performance and Commitment, " *Iranian Journal of Management Studies*, January 2013, pp. 29 – 45; S. S. Batool, " Emotional Intelligence as a Determinant of Job Commitment and Job Performance: A Meditational Analysis, " *The Business & Management Review online*, January 2014; and S. Cote, " Emotional Intelligence in Organizations, " in F. P. Morgeson (ed.), *Annual Review of Organizational Psychology and Organizational Behavior*, vol. 1 (Palo Alto, CA: Annual Reviews, 2014), pp. 459 – 88.

真理 8

T. W. H. Ng and D. C. Feldman, "The Relationship of Age to Ten Dimensions of Job Performance, " *Journal of Applied Psychology*, March 2008, pp. 392 – 423; R. A. Posthuma and M. A. Campion, " Age Stereotypes in the Workplace: Common Stereotypes, Moderators, and Future Research Directions," *Journal of Management*, February 2009, pp. 155 – 88; P. Brough, G. Johnson, S. Drummond, S. Pennisi, and C. Timms, "Comparison of Cognitive Ability and Job Attitudes of Older and Younger Workers," *Equality, Diversity and Inclusion: An International Journal*, vol. 30, no. 2, 2011, pp. 105 – 26 and T. W. H. Ng and D. C. Feldman, "Evaluating Six Common Stereotypes About Older Workers with Meta-Analytical Data," *Personnel Psychology*, Winter 2012, pp. 821 – 58.

真理 9

T. J. Tracey and J. Rounds, "Evaluating Holland's and Gati's Vocational-Interest Models: A Structural Meta-Analysis," *Psychological Bulletin*, March 1993, pp. 229 – 46; J. L. Holland, *Making Vocational Choices: A Theory of Vocational Personalities and Work Environments* (Odessa, FL: Psychological Assessment Resources, 1997); F. De Fruyt and I. Mervielde, "RIASEC Types and Big Five Traits as Predictors of Employment Status and Nature of Employment," *Personnel Psychology*, Autumn 1999, pp. 701 – 27; M. J. Miller, W. J. Scaggs, and D. Wells, "The Relevancy of Holland's Theory to a Nonprofessional Occupation," *Journal of Employment Counseling*, June 2006, pp. 62 – 69; C. H. Van Iddekinge, D. J. Putka, and J. P. Campbell, "Reconsidering Vocational Interests for Personnel Selection: The Validity of an Interest-Based Selection Test in Relation to Job Knowledge, Job Performance, and Continuance Intentions," *Journal of Applied Psychology*, January 2011, pp. 13 – 33; C. H. Van Iddekinge, P. L. Roth, D. J. Putka, and S. E. Lanivich, "Are You Interested? A Meta-Analysis of Relations Between Vocational Interests and Employee Performance and Turnover," *Journal of Applied Psychology*, November 2011, pp. 1167 – 94; and B. Wille and F. De Fruyt, "Vocations as a Source of Identity: Reciprocal Relations Between Big Five Personality

Traits and RIASEC Characteristics Over 15 Years," *Journal of Applied Psychology*, March 2014, pp. 262 – 81.

真理 10

C. A. O'Reilly III, J. Chatman, and D. F. Caldwell, "People and Organizational Culture: A Profile Comparison Approach to Assessing Person-Organization Fit," *Academy of Management Journal*, September 1991, pp. 487 – 516; B. Schneider, H. W. Goldstein, and D. B. Smith, "The ASA Framework: An Update," *Personnel Psychology*, Winter 1995, pp. 747 – 73; M. L. Verquer, T. A. Beehr, and S. E. Wagner, "A Meta-Analysis of Relations Between Person-Organization Fit and Work Attitudes," *Journal of Vocational Behavior*, June 2003, pp. 473 – 89; B. J. Hoffman and D. J. Woehr, "A Quantitative Review of the Relationship Between Person-Organization Fit and Behavioral Outcomes," *Journal of Vocational Behavior*, June 2006, pp. 389 – 99; R. De Cooman, S. De Gieter, R. Pepermans, and S. Hermans, "Person-Organization Fit: Testing Socialization and Attraction-Selection-Attrition Hypotheses," *Journal of Vocational Behavior*, February 2009, pp. 102 – 07; Sutarjo, "Ten Ways of Managing Person-Organization Fit (P-O Fit) Effectively: A Literature Study," *International Journal of Business and Social Science*, November 2011, pp. 226 – 33; and A. Davis, "The Perfect Match: Data Analytics Offers Companies a Better Way to Recruit Employees and Identify Those Who Are Most Likely to Stay. But Are Employers Embracing It?" *Employee Benefit News*, July 1, 2012, pp. 20 – 22.

真理 11

D. W. Organ, *Organizational Citizenship Behavior: The Good Soldier Syndrome* (Lexington, MA: Lexington Books, 1988); M. A. Konovsky and D. W. Organ, "Dispositional and Contextual Determinants of Organizational Citizenship Behavior," *Journal of Organizational Behavior*, May 1996, pp. 253 – 66; B. J. Hoffman, C. A. Blair, J. P. Maeriac, and D. J. Woehr, "Expanding the Criterion Domain? A Quantitative Review of the OCB Literature," *Journal of Applied Psychology*, March 2007, pp. 555 – 66; N. P. Podsakoff, S. W. Whiting, P. M. Podsakoff, and B. D. Blume, "Individual-and Organizational-Level Consequences of Organizational Citizenship Behaviors: A Meta-Analysis," *Journal of Applied Psychology*, January 2009, pp. 122 – 41; and R. S. Rubin, E. C. Dierdorff, and D. G. Bachrach, "Boundaries of Citizenship Behavior: Curvilinearity and Context in the Citizenship and Task Performance Relationship," *Personnel Psychology*, Summer 2013, pp. 377 – 406.

真理 12

J. A. Breaugh, "Realistic Job Previews: A Critical Appraisal and Future Research Directions," *Academy of Management Review*, October 1983, pp. 612 – 19; J. M. Phillips, "Effects of Realistic Job Previews on Multiple Organizational Outcomes: A Meta-Analysis," *Academy of Management Journal*, December 1998, pp. 673 – 90; R. Buda and B. H. Charnov, "Message Processing in Realistic Recruitment Practices," *Journal of Managerial Issues*, Fall 2003, pp. 302 – 16; D. R. Earnest, D. G. Allen, and R. S. Landis, "Mechanisms Linking Realistic Job Previews with Turnover: A Meta-Analytic Path Analysis," *Personnel Psychology*, Winter 2011, pp. 865 – 97; M. A. Tucker, "Show and Tell," *HR Magazine*, January 2012, pp. 51 – 53; and L. Weber, "At Work," *Wall Street Journal*, December 12, 2012, p. B6.

真理 13

J. Van Maanen, "People Processing: Strategies of Organizational Socialization," *Organizational Dynamics*, Summer 1978, pp. 19 – 36; J. D. Kammeyer-Mueller and C. R. Wanberg, "Unwrapping the Organizational Entry Process: Disentangling Multiple Antecedents and Their Pathways to Adjustment," *Journal of Applied Psychology*, October 2003, pp. 779 – 94; T-Y Kim, D. M. Cable, and S-P Kim, "Socialization Tactics, Employee Proactivity, and Person-Organization Fit," *Journal of Applied Psychology*, March 2005, pp. 232 – 41; E. P. Antonacopoulou and W. H. Guttel, "Staff Induction Practices and Organizational Socialization: A Review and Extension of the Debate," *Society and Business Review*, vol. 5, no. 1, 2010, pp. 22 – 47; and A. M. Saks and J. A. Gruman, "Getting Newcomers Engaged: The Role of Socialization Tactics," *Journal of Managerial Psychology*, vol. 26, no. 5, 2011, pp. 383 – 402.

真理 14

V. H. Vroom, *Work and Motivation* (New York: John Wiley, 1964); L. Reinharth and M. A. Wahba, "Expectancy Theory as a Predictor of Work Motivation, Effort Expenditure, and Job Performance," *Academy of Management Journal*, September 1975, pp. 502 – 37; and W. Van Eerde and H. Thierry, "Vroom's Expectancy Models and Work-Related Criteria: A Meta-Analysis," *Journal of Applied Psychology*, October 1996, pp. 575 – 86.

真理 15

E. A. Locke and G. P. Latham, *A Theory of Goal Setting and Task Performance* (Upper Saddle River, NJ: Prentice Hall, 1990); J. C. Wofford, V. L. Goodwin, and S. Premack, "Meta-Analysis of the Antecedents of Personal Goal Level and of the Antecedents and Consequences of Goal Commitment," *Journal of Management*, vol. 18, no. 3, 1992, pp. 595 – 615; E. A. Locke, "Motivation Through Conscious Goal Setting," *Applied and Preventive Psychology*, vol. 5, 1996, pp. 117 – 24; E. A. Locke and G. P. Latham, "Building a Practically Useful Theory of Goal Setting and Task Motivation," *American Psychologist*, September 2002, pp. 705 – 17; E. A. Locke and G. P. Latham, "New Directions in Goal-Setting Theory," *Current Directions in Psychological Science*, vol. 15, no. 5, 2006, pp.

265 – 68; E. A. Locke and G. P. Latham, "Has Goal Setting Gone Wild, or Have Its Attackers Abandoned Good Scholarship?" *Academy of Management Perspectives*, February 2009, pp. 17 – 23; and A. Kleingeld, H. van Mierlo, and L. Arends, "The Effect of Goal Setting on Group Performance: A Meta-Analysis," *Journal of Applied Psychology*, November 2011, pp. 1289 – 304.

真理 16

M. Csikszentmihalyi, *Flow: The Psychology of Optimal Experience* (New York: HarperCollins, 1990); M. Csikszentmihalyi, *Finding Flow* (New York: Basic Books, 1997); M. Csikszentmihalyi, S. Abuhamdeh, and J. Nakamura, "Flow," in A. J. Elliot and C. S. Dweck (eds.), *Handbook of Competence and Motivation* (New York: Guilford Publications, 2005), pp. 598 – 608; N. Baumann and D. Scheffer, "Seeking Flow in the Achievement Domain: The Achievement Flow Motive Behind Flow Experience," *Motivation and Emotion*, September 2011, pp. 267 – 84; and M. Kawabata and C. J. Mallett, "Flow Experience in Physical Activity: Examination of the Internal Structure of Flow from a Process-Related Perspective," *Motivation and Emotion*, December 2011, pp. 393 – 402.

真理 17

J. P. Wanous, "Individual Differences and Reactions to Job Characteristics," *Journal of Applied Psychology*, October 1974, pp. 616 – 22; H. P. Sims and A. D. Szilagyi, "Job Characteristic Relationships: Individual and Structural Moderators," *Organizational Behavior and Human Performance*, June 1976, pp. 211 – 30; S. J. Behson, E. R. Eddy, and S. J. Lorenzet, "The Importance of the Critical Psychological States in the Job Characteristics Model: A Meta-Analytic and Structural Equations Modeling Examination," *Current Research in Social Psychology*, May 2000, pp. 170 – 89; S. J. Behson, "Using Relative Weights to Reanalyze'Settled' Areas of Organizational Behavior Research: The Job Characteristics Model and Organizational Justice," *International Journal of Management and Information Systems*, 4th Quarter 2010, pp. 43 – 49; J. Sutherland, "Job Attribute Preferences: Who Prefers What?" *Employee Relations*, vol. 33, no. 3, 2011, pp. 193 – 221.

真理 18

C. R. Mill, "Feedback: The Art of Giving and Receiving Help," in L. Porter and C. R. Mill (eds.), *The Reading Book for Human Relations Training* (Bethel: ME: NTL Institute for Applied Behavioral Science, 1976), pp. 18 – 19; L. L. Cummings, "Appraisal Purpose and the Nature, Amount, and Frequency of Feedback," paper presented at the American Psychological Association meeting, Washington, DC, September 1976; and D. Ilgen, C. D. Fisher, and M. S. Taylor, "Consequences of Individual Feedback on Behavior in Organizations," *Journal of Applied Psychology*, August 1979, pp. 349 – 71.

真理 19

"The Cop-Out Cops," *National Observer*, August 3, 1974; and S. Kerr, 'On the Folly of Rewarding A, While Hoping for B," *Academy of Management Executive*, February 1995, pp. 7 – 14.

真理 20

J. S. Adams, "Inequity in Social Exchanges," in L. Berkowitz (ed.), *Advances in Experimental Social Psychology* (New York: Academic Press, 1965), pp. 267 – 300; R. T. Mowday, "Equity Theory Predictions of Behavior in Organizations," in R. Steers, L. W. Porter, and G. Bigley (eds.), *Motivation and Work Behavior*, 6th ed. (New York: McGraw-Hill, 1996), pp. 111 – 31; S. Werner and N. P. Mero, "Fair or Foul? The Effects of External, Internal, and Employee Equity on Changes in Performance of Major League Baseball Players," *Human Relations*, October 1999, pp. 1291 – 1312; M. M. Harris, F. Anseel, and F. Lievens, "Keeping Up with the Joneses: A Field Study of the Relationships Among Upward, Lateral, and Downward Comparisons and Pay Level Satisfaction," *Journal of Applied Psychology*, May 2008, pp. 665 – 73; T. H. Shore and J. Strauss, "Effects of Pay and Productivity Comparisons in the Workplace on Employee Attitudes: An Experimental Investigation," *International Journal of Management*, June 2012, pp. 677 – 86.

真理 21

B. Nelson, "Try Praise," *INC.*, September 1996, p. 115; B. Leonard, "The Key to Unlocking an Inexpensive Recognition Plan," *HR Magazine*, October 1999, p. 26; F. Luthans and A. D. Stajkovic, "Provide Recognition for Performance Improvement," in E. A. Locke (ed.), *Handbook of Principles of Organizational Behavior* (Maiden, MA: Blackwell, 2004), pp. 166 – 80; N. Shiraz, M. Rashid, and A. Riza, "The Impact of Reward and Recognition Programs on Employee's Motivation and Satisfaction," *Interdisciplinary Journal of Contemporary Research in Business*, July 2011, pp. 1428 – 32; R. R. Hastings, "Recognition Practices Could Be Improved," *HR Magazine*, August 2011, pp. 22; A. Palmer, "Planners Are Using a Wide Range of Awards," *Incentive*, November/December 2011, pp. 9; P. Stewart, "Greet Your Team with Thanks and Praise," *Firstline*, November 2011, pp. 10 – 13; and K. Koster, "Mind Over Matter: Behavioral Psychology Plays a Key Role in Crafting Meaningful and Effective Employee Recognition Programs," *Employee Benefit News*, March 1, 2013, pp. 26.

真理 22

M. Blumberg and C. D. Pringle, "The Missing Opportunity in Organizational Research: Some Implications for a Theory of Work Performance," *Acad-*

emy of Management Review, October 1982, pp. 560 – 69; J. Hall, "Americans Know How to Be Productive If Managers Will Let Them," *Organizational Dynamics*, Winter 1994, pp. 33 – 46; and H. Lingard and V. Francis, "Does a Supportive Work Environment Moderate the Relationship Between Work-Family Conflict and Burnout Among Construction Professionals?" *Construction Management & Economics*, vol. 24, no. 2, 2006, pp. 185 – 96.

真理 23

J. K. Harter, F. L. Schmidt, and T. L. Hayes, "Business-Unit-Level Relationship Between Employee Satisfaction, Employee Engagement, and Business Outcomes: A Meta-Analysis," *Journal of Applied Psychology*, April 2002, pp. 268-79; B. L. Rich, J. A. Lepine, and E. R. Crawford, "Job Engagement: Antecedents and Effects on Job Performance," *Academy of Management Journal*, June 2010, pp. 617 – 35; P. Brotherton, "Employee Loyalty Slipping Worldwide; Respect, Work-Life Balance Are Top Engagers," *T + D*, February 2012, pp. 24; S. K. Aityan and T. K. P. Gupta, "Challenges of Employee Loyalty in Corporate America," *Business and Economic Journal*, March 2012, pp. 1 – 13; "Declining Employee Loyalty: A Casualty of the New Workplace," knowledge@wharton, May 9, 2012; J. Anitha, "Determinants of Employee Engagement and Their Impact on Employee Performance," *International Journal of Productivity and Performance Management*, vol. 63, no. 3, 2014, pp. 308 – 23; and A. H. Johnson, "Employee Engagement: Lessons Learned from the U. S. 2013 Glassdoor Best Places to Work Employee Choice Award Leaders," *Journal of American Academy of Business, Cambridge*, March 2014, pp. 102 – 08.

真理 24

R. D. Arvey, M. Rotundo, W. Johnson, Z. Zhang, and M. McGue, "The Determinants of Leadership Role Occupancy: Genetic and Personality Factors," *Leadership Quarterly*, February 2006, pp. 1 – 20; J. A. Andersen," Leadership, Personality and Effectiveness," *Journal of Socio-Economics*, December 2006, pp. 1078 – 91; R. G. Lord, C. L. DeVader, and G. M. Alliger," A Meta-Analysis of the Relation Between Personality Traits and Leadership Perceptions: An Application of Validity Generalization Procedures," *Journal of Applied Psychology*, August 1986, pp. 402 – 10; A. H. Eagly, M. C. Johannesen-Schmidt, and M. L. van Engen," Transformational, Transactional, and Laissez-Faire Leadership Styles: A Meta-Analysis Comparing Women and Men," *Psychological Bulletin*, July 2003, pp. 569 – 91; H. Mintzberg, *Managers Not MBAs: A Hard Look at the Soft Practice of Managing and Management Development* (San Francisco: Berrett-Koehler, 2005); S. Kerr and J. M. Jermier," Substitutes for Leadership: Their Meaning and Measurement," *Organizational Behavior and Human Performance*, December 1978, pp. 375 – 403; and M. K. Muchiri and R. W. Cooksey," Examining the Effects of Substitutes for Leadership on Performance Outcomes," *Leadership & Organization Development Journal*, vol. 32, no. 8, 2011, pp. 817 – 36.

真理 25

F. Bartolome," Nobody Trusts the Boss Completely-Now What?" *Harvard Business Review*, March – April 1989, pp. 135 – 42; P. L. Schindler and C. C. Thomas," The Structure of Interpersonal Trust in the Workplace," *Psychological Reports*, October 1993, pp. 563 – 73; K. T. Dirks and D. L. Ferrin," Trust in Leadership: Meta-Analytic Findings and Implications for Research and Practice," *Journal of Applied Psychology*, August 2002, pp. 611 – 28; R. Galford and A. S. Drapeau, The *Trusted Leader* (New York: Free Press, 2003); F. D. Schoorman, R. C. Mayer, and J. H. Davis," An Integrative Model of Organizational Trust: Past, Present, and Future," *Academy of Management Review*, April 2007, pp. 344 – 54; H. H. Brower, S. W. Lester, M. A. Korsgaard, and B. R. Dineen," A Closer Look at Trust Between Managers and Subordinates: Understanding the Effects of Both Trusting and Being Trusted on Subordinate Outcomes," *Journal of Management*, March 2009, pp. 327 – 47; and R. Sharkie, "Trust in Leadership Is Vital for Employee Performance," *Management Research* News, vol. 32, no. 5, 2009, pp. 491 – 98.

真理 26

F. E. Fiedler, "Leadership Experience and Leadership Performance: Another Hypothesis Shot to Hell," *Organizational Behavior and Human Performance*, January 1970, pp. 1 – 14; F. E. Fiedler, "Time-Based Measures of Leadership Experience and Organizational Performance: A Review of Research and a Preliminary Model," *LeadershipQuarterly*, Spring 1992, pp. 5 – 23; and M. A. Quinones, J. K. Ford, and M. S. Teachout, "The Relationship Between Work Experience and Job Performance: A Conceptual and Meta-Analytic Review," *Personnel Psychology*, Winter 1995, pp. 887 – 910.

真理 27

R. M. Entman, " Framing: Toward Clarification of a Fractured Paradigm," *Journal of Communication*, Autumn 1993, pp. 51 – 58; G. T. Fairhurst and R. A. Sarr, *The Art of Framing: Managing the Language of Leadership* (San Francisco: Jossey-Bass, 1996); and G. T. Fairhurst, *The Power of Framing: Creating the Language of Leadership* (San Francisco: Jossey-Bass, 2011).

真理 28

D. Eden and A. B. Shani, "Pygmalion Goes to Boot Camp: Expectancy, Leadership, and Trainee Performance," *Journal of Applied Psychology*. April 1982, pp. 194 – 99; D. Eden, "Leadership and Expectations: Pygmalion Effects and Other Self-Fulfilling Prophecies in Organizations," *Leadership Quarterly*, Winter 1992, pp. 271 – 305; N. M. Kierein and M. A.

Gold, "Pygmalion in Work Organizations: A Meta-Analysis," *Journal of Organizational Behavior*, December 2000, pp. 913 – 28; D. Eden, "Self-Fulfilling Prophecies in Organizations," in J. Greenberg (ed.), *Organizational Behavior: The State of the Science*, 2nd ed. (Mahwah, NJ: Erlbaum, 2003), pp. 91 – 122; and X. M. Bezuijen, P. T. van den Berg, K. van Dam, and H. Thierry, "Pygmalion and Employee Learning: The Role of Leader Behaviors," *Journal of Management*, October 2009, pp. 1248 – 67.

真理 29

J. A. Conger and R. N. Kanungo (eds.), *Charismatic Leadership in Organizations* (Thousand Oaks, CA: Sage, 1998); J. M. Howell and P. J. Frost, "A Laboratory Study of Charismatic Leadership," *Organizational Behavior and Human Decision Processes*, April 1989, pp. 243 – 69; and A. J. Towler, "Effects of Charismatic Influence Training on Attitudes, Behavior, and Performance," *Personnel Psychology*, Summer 2003, pp. 363 – 81.

真理 30

R. J. House and R. N. Adiya, "The Social Scientific Study of Leadership: Quo Vadis?" *Journal of Management*, June 1997, p. 441; J. Collins, "Level 5 Leadership: The Triumph of Humility and Fierce Resolve," *Harvard Business Review*, January 2001, pp. 67 – 76; R. Khurana, *Searching for a Corporate Savior: The Irrational Quest for Charismatic CEOs* (Princeton, NJ: Princeton University Press, 2002); J. A. Raelin, "The Myth of Charismatic Leaders," *Training & Development*, March 2003, pp. 47 – 54; D. Baines, "The Dark Side of Charisma," *Canadian Business*, May 22 – June 4, 2006, pp. 142 – 43; T. A. Judge, R. F. Piccolo, and T. Kosalka, "The Bright and Dark Sides of Leader Traits: A Review and Theoretical Extension of the Leader Trait Paradigm," *Leadership Quarterly*, December 2009, pp. 855 – 75; D. Y. Hunter, "Wolf in Sheep's Clothes: The Dark Side of Charismatic Leaders and Supportive Followers in Crisis,"

Journal of American Academy of Business, Cambridge, March 2013, pp. 54–61.

真理 31

R. E. Emerson, "Power-Dependence Relations," *American Sociological Review*, vol. 27 (1962), pp. 31–41; H. Mintzberg, *Power In and Around Organizations* (Upper Saddle River, NJ: Prentice Hall, 1983); G. Yukl, "Use Power Effectively to Influence People," in E. Locke (ed.), *Handbook of Principles of Organizational Behavior: Indispensable Knowledge for Evidence-Based Management*, 2nd ed. (Hoboken, NJ: Wiley, 2009), pp. 349–66; and B. G. Voyer and B. McIntosh, "The Psychological Consequences of Power on Self-Perception: Implications for Leadership," *Leadership & Organization Development Journal*, vol. 34, no. 7, 2013, pp. 639–60.

真理 32

D. Farrell and J. C. Petersen, "Patterns of Political Behavior in Organizations," *Academy of Management Review*, July 1982, p. 405; C-H Chang, C. C. Rosen, and P. E. Levy, "The Relationship Between Perceptions of Organizational Politics and Employee Attitudes, Strain, and Behavior: A Meta-Analytic Examination," *Academy of Management Journal*, August 2009, pp. 779–801; M. Kilduff, D. S. Chiaburu, and J. I. Menges, "Strategic Use of Emotional Intelligence in Organizational Settings: Exploring the Dark Side," in A. Brief and B. Staw (eds.), *Research in Organizational Behavior*, vol. 30, 2010, pp. 129–52; "Social Studies," *Bloomberg Businessweek*, June 14, 2010, pp. 72–73; I. Kapoutsis, A. Papalexandris, A. Nikolopoulos, W. A. Hochwarter, and G. R. Ferris, "Politics Perceptions as Moderator of the Political Skill-Job Performance Relationship: A Two-Study, Cross-National, Constructive Replication," *Journal of Vocational Behavior*, February 2011, pp. 123–35; G. Gotsis and Z. Kortezi, "Bounded Self-Interest: A Basis for Constructive Organizational Politics,"

Management Research Review, vol. 34, no. 4, 2011, pp. 450 – 76; M. N. Bing, H. K. Davison, I. Minor, M. M. Novicevic, and D. D. Frink, "The Prediction of Task and Contextual Performance by Political Skill: A Meta-Analysis and Moderator Test," *Journal of Vocational Behavior*, October 2011, pp. 563 – 77; J. Pfeffer, "Don't Dismiss Office Politics-Teach It," *Wall Street Journal*, October 24, 2011, p. R6; and G. Blickle, J. John, G. R. Ferris, and T. Momm, "Fit of Political Skill to the Work Context: A Two-Study Investigation," *Applied Psychology*, April 2012, pp. 295 – 322.

真理 33

R. M. Fulmer, "The Challenge of Ethical Leadership," *Organizational Dynamics*, August 2004, pp. 307 – 17; D. Seidman, "The Case for Ethical Leadership," *Academy of Management Executive*, May 2004, pp. 134 – 38; D. van Knippenberg, D. De Cremer, and B. van Knippenberg, "Leadership and Fairness: The State of the Art," *European Journal of Work and Organizational Psychology*, vol. 16, no. 2, 2007, pp. 113 – 40; W. Isaacson, *Steve Jobs* (New York: Simon & Schuster, 2011); and J. B. Avey, T. S. Wernsing, and M. E. Palanski, "Exploring the Process of Ethical Leadership: The Mediating Role of Employee Voice and Psychological Ownership," *Journal of Business Ethics*, April 2012, pp. 21 – 34; S. M. Bello, "Impact of Ethical Leadership on Employee Job Performance," *International Journal of Business and Social Science*, June 2012, pp. 228 – 36; J. M. Schaubroeck, S. T. Hannah, B. J. Avolio, S. W. J. Kozlowski, R. G. Lord, L. K. Trevino, N. Dimotakis, and A. C. Peng, "Embedding Ethical Leadership Within and Across Organization Levels," *Academy of Management Journal*, October 2012, pp. 1053 – 78.

真理 34

B. J. Avolio and S. S. Kahai, "Adding the 'E' to E-Leadership: How It May Impact Your Leadership," *Organizational Dynamics*, January 2003, pp.

325 – 38; S. J. Zaccaro and P. Bader, " E-Leadership and the Challenges of Leading E-Teams: Minimizing the Bad and Maximizing the Good, " *Organizational Dynamics*, January 2003, pp. 381 – 85; J. M. Howell, D. J. Neufeld, and B. J. Avolio, " Examining the Relationship of Leadership and Physical Distance with Business Unit Performance, " *Leadership Quarterly*, April 2005, pp. 273 – 85; A. Trivedi and J. Desai, " A Review of Literature on E-Leadership, " *SSRN Working Paper Series*, November 2012; D. J. Dennis, D. Meola, and M. J. Hall, " Effective Leadership in a Virtual Workforce, " T + D, February 2013, pp. 46 – 51; and G. B. Schmidt, " Virtual Leadership: An Important Leadership Context, " *Industrial and Organizational Psychology*, June 2014, pp. 182 – 87.

真理 35

K. W. Smola and C. D. Sutton, " Generational Differences: Revisiting Generational Work Values for the New Millennium, " *Journal of Organizational Behavior*, June 2002, pp. 363 – 82; B. Tulgan, *Not Everyone Gets a Trophy: How to Manage Generation Y* (San Francisco: Jossey-Bass, 2009); N. R. Lockwood, F. R. Cepero, and S. Williams, *The Multigenerational Workforce* (Alexandria, VA: Society for Human Resource Management, 2009; J. W. Gibson, R. A. Greenwood and E. F. Murphy Jr. , " Generational Differences in the Workplace: Personal Values, Behaviors, and Popular Beliefs, " *Journal of Diversity Management*, Third Quarter 2009, pp. 1 – 7; L. Kwoh, " Firms Bow to Generation Y's Demands, " *Wall Street Journal*, August 22, 2012, p. B6; C. Thompson and J. B. Gregory, " Managing Millennials: A Framework for Improving Attraction, Motivation, and Retention, " *The Psychologist-Manager Journal*, October 2012, pp. 237 – 46; and J. Stein, " The New Greatest Generation, " *Time*, May 20, 2013, pp. 27 – 34.

真理 36

M. Murray, *Beyond the Myths and Magic of Mentoring: How to Facilitate an Effective Mentoring Process*, rev. ed. (New York: Wiley, 2001); and C. R. Wanberg, E. T. Welsh, and S. A. Hezlett, "Mentoring Research: A Review and Dynamic Process Model," in G. R. Ferris and J. J. Martocchio (eds.), *Research in Personnel and Human Resources Management*, vol. 22 (Greenwich, CT: Elsevier Science, 2003), pp. 39 – 124.

真理 37

M. F. Peterson and J. G. Hunt, "International Perspectives on International Leadership," *Leadership Quarterly*, Fall 1997, pp. 203 – 31; R. J. House, M. Javidan, P. Hanges, and P. Dorfman, "Understanding Cultures and Implicit Leadership Theories Across the Globe: An Introduction to Project GLOBE," *Journal of World Business*, Spring 2002, pp. 3 – 10; U. D. Jogulu, "Culturally-Linked Leadership Styles," *Leadership & Organization Development Journal*, vol. 31, no. 8, 2010, pp. 705 – 19; and V. Taras, P. Steel, and B. L. Kirkman, "Three Decades of Research on National Culture in the Workplace: Do the Differences Still Make a Difference?" *Organizational Dynamics*, July-September 2011, pp. 189 – 98.

真理 38

C. R. Rogers and R. E. Farson, *Active Listening* (Chicago, IL: Industrial Relations Center at the University of Chicago, 1976); H. Kirschenbaum and V. L. Henderson (eds), *The Carl Rogers Reader* (New York: Houghton Mifflin, 1989); M. Moulic, "Developing Effective Listening Skills to Enhance Professional Efficiency," *IAMURE International Journal of Business and Management*, July 2012, pp. 64 – 86; B. T. Ferrari, *Power Listening: Mastering the Most Critical Business Skill of All* (New York: Portfolio Hardcover, 2012); and J. Keyser, "Active Listening Leads to Business Success," *T + D*, July 2013, pp. 67 + .

真理 39

R. L. Rosnow and G. A. Fine, *Rumor and Gossip: The Social Psychology of Hearsay* (New York: Elsevier, 1976); L. Hirschhorn, "Managing Rumors," in L. Hirschhorn (ed.), *Cutting Back* (San Francisco: Jossey-Bass, 1983); B. McKay, "At Coke, Layoffs Inspire All Manner of Peculiar Rumors," *Wall Street Journal*, October 17, 2000, pp. A1; N. B. Kurland and L. H. Pelled, "Passing the Word: Toward a Model of Gossip and Power in the Workplace," *Academy of Management Review*, April 2000, pp. 428–38; G. Michelson, A. van Iterson, and K. Waddington, "Gossip in Organizations: Contexts, Consequences, and Controversies," *Group and Organization Management*, August 2010, pp. 371–90; and T. J. Grosser, V. Lopez-Kidwell, G. Labianca, and L. Ellwardt, "Hearing It Through the Grapevine: Positive and Negative Workplace Gossip," *Organizational Dynamics*, January-March 2012, pp. 52–61.

真理 40

D. Tannen, *You Just Don't Understand: Women and Men in Conversation* (New York: Ballentine Books, 1991); D. Tannen, *Talking from 9 to 5* (New York: William Morrow, 1995); D. Tannen, "Talking Past One Another: But What Do You Mean? Women and Men in Conversation," in J. M. Henslin (ed.), *Down to Earth Sociology: Introductory Readings*, 12th ed. (New York: Free Press, 2003), pp. 175–81; and A. Wooley and T. Malone, "Defend Your Research: What Makes a Team Smarter? More Women," *Harvard Business Review*, June 2011, pp. 32–33.

真理 41

A. Bandura, *Social Learning Theory* (Upper Saddle River, NJ: Prentice Hall, 1977).

真理 42

C. C. Pinder and K. P. Harlos, "Employee Silence: Quiescence and Acquiescence as Responses to Perceived Injustice," in G. R. Ferris (ed.), *Research in Personnel and Human Resources Management*, vol. 21 (Greenwich, CT: JAI Press, 2001); F. J. Millken, E. W. Morrison, and P. F. Hewlin, "An Exploratory Study of Employee Silence: Issues That Employees Don't Communicate Upward and Why," *Journal of Management Studies*, September 2003, pp. 1453 – 76; J. Donaghey, N. Cullinane, T. Dundon, and A. Wilkinson, "Reconceptualising Employee Silence: Problems and Prognosis," *Work, Employment & Society*, March 2011, pp. 51 – 67; M. Knoll and R. van Dick, "Do I Hear the Whistle" A First Attempt to Measure Four Forms of Employee Silence and Their Correlates," *Journal of Business Ethics*, March 2013, pp. 349 – 62; and C. T. Brinsfield, "Employee Silence Motives: Investigation of Dimensionality and Development of Measures," *Journal of Organizational Behavior*, July 2013, pp. 671 – 97.

真理 43

Q. R. Jett and J. M. George, "Work Interrupted: A Closer Look at the Role of Interruptions in Organizational Life," *Academy of Management Review*, July 2003, pp. 494 – 507; B. L. S. Coker, "Freedom to Surf: The Positive Effects of Workplace Internet Leisure Browsing," *New Technology, Work, and Employment*, November 2011, pp. 238 – 47; J. Wajcman and E. Rose, "Constant Connectivity: Rethinking Interruptions at Work," *Organization Studies*, July 2011, pp. 941 – 61; "Productivity Costs: Collaboration, Social Tools Cost $10,375 Per Person Annually in Lost Productivity," *The Controller's Report*, August 2011; "Digital Interruptions Resulting in Loss of Productivity, According to Survey by Social E-Mail Software Firm," *Telecomworldwide*, May 18, 2011; S. Sussman, N. Lisha, and M. Griffiths, "Prevalence of the Addictions: A Problem of the Majority or the

Minority?" *Evaluation & the Health Professions*, March 2011, pp. 3 – 56; A. Field, "Turning Off Email, Turning Up Productivity," *Workforce*, February 29, 2012; R. E. Silverman, "Here's Why You Won't Finish This Article," *Wall Street Journal*, December 12, 2012, pp. B1.

真理 44

M. A. Campion, E. M. Papper, and G. J. Medsker, "Relations Between Work Team Characteristics and Effectiveness: A Replication and Extension," *Personnel Psychology*, Summer 1996, pp. 429 – 52; D. E. Hyatt and T. M. Ruddy, "An Examination of the Relationship Between Work Group Characteristics and Performance: Once More into the Breach," *Personnel Psychology*, Autumn 1997, pp. 553 – 85; S. G. Cohen and D. E. Bailey, "What Makes Teams Work: Group Effectiveness Research from the Shop Floor to the Executive Suite," *Journal of Management*, June 1997, pp. 239 – 90; G. A. Neuman and J. Wright, "Team Effectiveness: Beyond Skills and Cognitive Ability," *Journal of Applied Psychology*, June 1999, pp. 376 – 89; P. J. Hinds, K. M. Carley, D. Krackhardt, and D. Wholey, "Choosing Work Group Members: Balancing Similarity, Competence, and Familiarity," *Organizational Behavior and Human Decision Processes*, March 2000, pp. 226 – 51; G. L. Stewart and M. R. Barrick, "Team Structure and Performance: Assessing the Mediating Role of Intrateam Process and the Moderating Role of Task Type," *Academy of Management Journal*, April 2000, pp. 135 – 48; J. R. Hackman, *Leading Teams: Setting the Stage for Great Performance* (Boston: Harvard Business School Press, 2002); M. A. G. Peeters, H. F. J. M. Van Tuijl, C. G. Rutte, and I. M. M. J. Reymen, "Personality and Team Performance: A Meta-Analysis," *European Journal of Personality*, August 2006, pp. 377 – 96; and J. R. Mesmer-Magnus and L. A. DeChurch, "Information Sharing and Team Performance: A Meta-Analysis," *Journal of Applied Psy-*

chology, March 2009, pp. 535 – 46.

真理 45

S. J. Karau and K. D. Williams, "Social Loafing: A Meta-Analytic Review and Theoretical Integration," *Journal of Personality and Social Psychology*, October 1993, pp. 681 – 706; D. R. Comer, "A Model of Social Loafing in Real Work Groups," *Human Relations*, June 1995, pp. 647 – 67; S. M. Murphy, S. J. Wayne, R. C. Liden, and B. Erdogan, "Understanding Social Loafing: The Role of Justice Perceptions and Exchange Relationships," *Human Relations*, January 2003, pp. 61 – 84; R. C. Liden, S. J. Wayne, R. A. Jaworski, and N. Bennett, "Social Loafing: A Field Investigation," *Journal of Management*, April 2004, pp. 285 – 304; B. Latane, K. Williams, and S. Harkins, "Many Hands Make Light the Work: The Causes and Consequences of Social Loafing," in J. M. Levine and R. L. Moreland (eds.), *Small Groups* (New York: Psychology Press, 2006); and A. Simms and T. Nichols, "Social Loafing: A Review of the Literature," *Journal of Management Policy and Practice*, February 2014, pp. 58 – 67.

真理 46

R. A. Guzzo and G. P. Shea, "Group Performance and Intergroup Relations in Organizations," in M. D. Dunnette and I. M. Hough (eds.), *Handbook of Industrial & Organizational Psychology*, 2nd ed., vol. 3 (Palo Alto, CA: Consulting Psychologists Press, 1992), pp. 288 – 90; W. E. Watson, K. Kumar, and L. K. Michaelsen, "Cultural Diversity's Impact on Interaction Process and Performance: Comparing Homogeneous and Diverse Task Groups," *Academy of Management Journal*, June 1993, pp. 590 – 602; S. E. Jackson, K. E. May, and K. Whitney, "Understanding the Dynamics of Diversity in Decision Making Teams," in R. A. Guzzo and E. Salas (eds.), *Team Effectiveness and Decision Making in Organizations* (San Francisco: Jossey-Bass, 1995), pp. 204 – 61; K. A. Jehn, G. B. Northcraft, and M. A. Neale, "Why Differences Make a Difference: A Field Study of Diversity, Conflict, and Performance in Workgroups," *Administrative Science Quarterly*, December 1999, pp. 741-63; A. Joshi and H. Roh, "The Role of Context in Work Team Diversity Research: A Meta – Analytic Review," *Academy of Management Journal*, June 2009, pp. 599 – 627; A. M. McMahon, "Does Workplace Diversity Matter? A Survey of Empirical Studies on Diversity and Firm Performance, 2000 – 09," *Journal of Diversity Management*, Second Quarter 2010, pp. 37 – 48; and N. Ayub and K. Jehn, "When Diversity Helps Performance: Effects of Diversity on Conflict and Performance in Workgroups," *International Journal of Conflict Management*, vol. 25, no. 2, 2014, pp. 189 – 212.

真理 47

J. Berger, M. H. Fisek, R. Z. Norman, and M. Zelditch, *Status Characteristics and Social Interaction: An Expected States Approach* (New York: Elsevier, 1977); J. Greenberg, "Equity and Workplace Status: A Field Experiment," *Journal of Applied Psychology*, November 1988, pp. 606 – 13; B. Headlam, "How to E-Mail Like a C. E. O. ," *New York Times Magazine*, April 8, 2001, pp. 7 – 8; M. Rubin, "Group Status Is Related to Group Prototypicality in the Absence of Social Identity Concerns," *The Journal of Social Psychology*, vol. 152, no. 3, 2012, pp. 386 – 89; and A. J. Bianchi, S. M. Kang, and D. Stewart, "The Organizational Selection of Status Characteristics: Status Evaluations in an Open Source Community," *Organization Science*, March/April 2012, pp. 341 – 54.

真理 48

A. Sinclair, "The Tyranny of a Team Ideology," *Organization Studies*, vol. 13, no. 4, 1992, pp. 611 – 26; J. Prieto, "The Team Perspective in Selection and Assessment," in H. Schuler, J. L. Farr, and M. Smith(eds.), *Personnel Selection and Assessment: Industrial and Organizational Perspec-*

tives (Hillsdale, NJ: Erlbaum, 1994); A. B. Drexler and R. Forrester, "Teamwork — Not Necessarily the Answer, " HR Magazine, January 1998, pp. 55 – 58; C. E. Naquin and R. O. Tynan, "The Team Halo Effect: Why Teams Are Not Blamed for Their Failures, " *Journal of Applied Psychology*, April 2003, pp. 332 – 40; J. E. Diskell, G. F. Goodwin, E. Salas, and P. G. O'Shea, " What Makes a Good Team Player? Personality and Team Effectiveness, " *Group Dynamics: Theory, Research, and Practice*, December 2006, pp. 249 – 71.

真理 49

S. P. Robbins, *Managing Organizational Conflict: A Nontraditional Approach* (Upper Saddle River, NJ: Prentice Hall, 1974); K. A. Jehn, "A Qualitative Analysis of Conflict Types and Dimensions in Organizational Groups, " *Administrative Science Quarterly*, September 1997, pp. 530 – 57; C. K. W. DeDreu and L. R. Weingart, "Task Versus Relationship Conflict, Team Performance, and Team Member Satisfaction: A Meta-Analysis, " *Journal of Applied Psychology*, August 2003, pp. 741 – 49; F. R. C. de Wit, L. L. Greer, and K. A. Jehn, "The Paradox of Intragroup Conflict: A Meta-Analysis, " *Journal of Applied Psychology*, March 2012, pp. 360 – 90; L. A. DeChurch, J. R. Mesmer – Magnus, and D. Doty, "Moving Beyond Relationship and Task Conflict: Toward a Process – State Perspective, " *Journal of Applied Psychology*, July 2013, pp. 559 – 78; and D. Tjosvold, A. S. H. Wong, and N. Y. F. Chen, "Constructively Managing Conflict, " in F. P. Morgeson (ed.), *Annual Review of Organizational Psychology and Organizational Behavior*, vol. 1 (Palo Alto, CA: Annual Reviews, 2014), pp. 545 – 68.

真理 50

I. L. Janis, *Groupthink: Psychological Studies of Policy Decisions and Fiascoes*, 2nd ed. (Boston: Houghton Mifflin, 1982); W. Park, "A Review of Research on Groupthink, " *Journal of Behavioral Decision Making*, July

1990, pp. 229 – 45; G. Moorhead, R. Ference, and C. P. Neck, "Group Decision Fiascos Continue: Space Shuttle Challenger and a Revised Groupthink Framework," *Human Relations*, May 1991, pp. 539 – 50; W. W. Park, "A Comprehensive Empirical Investigation of the Relationships Among Variables of the Groupthink Model," *Journal of Organizational Behavior*, December 2000, pp. 873 – 87; "United States Senate Select Committee on Intelligence: Report on Pre-Iraq War Intelligence," CBC News Online, July 9, 2004; and G. Hassan, "Groupthink Principles and Fundamentals in Organizations," *Interdisciplinary Journal of Contemporary Research in Business*, December 2013, pp. 225 – 40.

真理 51

P. Cappelli, J. Constantine, and C. Chadwick, "It Pays to Value Family: Work and Family Tradeoffs Reconsidered," *Industrial Relations*, April 2000, pp. 175 – 98; R. C. Barnett and D. T. Hall, "How to Use Reduced Hours to Win the War for Talent," *Organizational Dynamics*, vol. 29, no. 3, 2001, pp. 192 – 210; M. T. Ford, B. A. Heinen, and K. L. Langkamer, "Work and Family Satisfaction and Conflict: A Meta-Analysis of Cross-Domain Relations," *Journal of Applied Psychology*, January 2007, pp. 57 – 80; C. Darcy, A. McCarthy, J. Hill, and G. Grady, "Work-Life Balance: One Size Fits All? An Exploratory Analysis of the Differential Effects of Career Stage," *European Management Journal*, April 2012, pp. 111 – 20; M. M. Butts, W. J. Casper, and T. S. Yang, "How Important Are Work-Family Support Policies? A Meta-Analytic Investigation of Their Effects on Employee Outcomes," *Journal of Applied Psychology*, January 2013, pp. 1 – 25; J. Smith, "25 Big Companies with the Best Work-Life Balance," www.forbes.com, June 2, 2013; T. D. Allen, R. C. Johnson, K. M. Kiburz, and K. M. Shockley, "Work-Family Conflict and Flexible Work Arrangements: Deconstructing Flexibility," *Personnel Psychology*,

Summer 2013, pp. 345 – 76; and G. E. Miller, "The U. S. Is the Overworked Developed Nation in the World — Where Do We Draw the Line?" 20somethingfinance. com, July 20, 2014.

真理 52

R. Fisher and W. Ury, *Getting to Yes: Negotiating Agreement Without Giving In* (New York: Penguin Books, 1986); L. Thompson and G. J. Leonardelli, " Why Negotiation Is the Most Popular Business School Course, " *Ivey Business Journal Online*, July-August 2004; and L. Thompson, *The Truth About Negotiations* (Upper Saddle River, NJ: Prentice Hall PTR, 2008).

真理 53

R. J. Burke, " Why Performance Appraisal Systems Fail, " *Personnel Administration*, June 1972, pp. 32 – 40; H. H. Meyer, " A Solution to the Performance Appraisal Feedback Enigma, " *Academy of Management Executive*, February 1991, pp. 68 – 76; B. Nelson, " Are Performance Appraisals Obsolete?" *Compensation and Benefits Review*, May/June 2000, pp. 39 – 42; and B. Hite, " Employers Rethink How They Give Feedback, " *Wall Street Journal*, October 13, 2008, p. B5.

真理 54

H. H. Kelley, *Attributions in Social Interaction* (New York: General Learning Press, 1971); M. J. Martinko (ed.), *Attribution Theory: An Organizational Perspective* (Delray Beach, FL: St. Lucie Press, 1995); and P. Harvey, K. Madison, M. Martinko, T. R. Crook, and T. A. Crook, "Attribution Theory in the Organizational Sciences: The Road Traveled and the Path Ahead, " *Academy of Management Perspectives*, May 2014, pp. 128 – 46.

真理 55

A. Tversky and D. Kahneman, " Judgment Under Uncertainty: Heuristics and Biases," *Science*, September 1974, pp. 1124 – 31; S. Plous, *The Psychology of Judgment and Decision Making* (New York: McGraw Hill, 1993); and S. P. Robbins, *Decide & Conquer: The Ultimate Guide for Improving Your Decision Making* (Upper Saddle River, NJ: FT Press, 2015).

真理 56

S. L. Robinson and R. J. Bennett, "A Typology of Deviant Workplace Behaviors: A Multidimensional Scaling Study," *Academy of Management Journal*, April 1995, pp. 555 – 72; P. D. Dunlop and K. Lee, "Workplace Deviance, Organizational Citizenship Behavior, and Business Unit Performance: The Bad Apples Do Spoil the Whole Barrel," *Journal of Organizational Behavior*, February 2004, pp. 67 – 80; C. M. Pearson, L. J. Andersson, and C. L. Porath, "Workplace Civility," in S. Fox and P. E. Spector (eds.), *Counterproductive Work Behavior: Investigations of Actors and Targets* (Washington, DC: American Psychological Association, 2005), pp. 177 – 200; S. Lim, L. M. Cortina, and V. J. Magley, "Personal and Workgroup Incivility: Impact on Work and Health Outcomes," *Journal of Applied Psychology*, February 2008, pp. 95 – 107; C. Moore, J. R. Deter, L. K. Trevino, V. L. Baker, and D. M. Mayer, "Why Employees Do Bad Things: Moral Disengagement and Unethical Organizational Behavior," *Personnel Psychology*, Spring 2012, pp. 1 – 48; and S. L. Robinson, W. Wang, and C. Kiewitz, "Coworkers Behaving Badly: The Impact of Coworker Deviant Behavior Upon Individual Employees," in F. P. Morgeson (ed.), *Annual Review of Organizational Psychology and Organizational Behavior*, vol. 1 (Palo Alto, CA: Annual Reviews, 2014), pp. 123 – 43.

真理 57

D. A. Nadler, "The Effective Management of Organizational Change," in J. W. Lorsch (ed.), *Handbook of Organizational Behavior* (Upper Saddle River, NJ: Prentice Hall, 1987), pp. 358 – 69; P. Stebel, "Why Do Employees Resist Change?" *Harvard Business Review*, May – June 1996, pp. 86 – 92; M. P. del Val and C. M. Fuentes, "Resistance to Change: A Literature Review and Empirical Study," *Management Decision*, vol. 41, no. 1/2, 2003, pp. 148 – 55; D. G. Erwin and A. N. Garman, "Resistance to Organizational Change: Linking Research and Practice," *Leadership & Organization Development Journal*, vol. 31, no. 1, 2010, pp. 39 – 56; and M. H. B. Azad, N. Qadri, B. Ansari, Z. P. Azad, and S. Tabussum, "Resistance to Change: A Blessing or a Curse?" *Interdisciplinary Journal of Contemporary Research in Business*, April 2013, pp. 345 – 53.

真理 58

J. P. Kotter and L. A. Schlesinger, "Choosing Strategies for Change," *Harvard Business Review*, March – April 1979, pp. 106 – 14; J. L. Cotton, *Employee Involvement* (Newbury Park, CA: Sage, 1993); R. Lines, "Influence of Participation in Strategic Change: Resistance, Organizational Commitment and Change Goal Achievement," *Journal of Change Management*, September 2004, pp. 193 – 215; A. Giangreco and R. Peccei, "The Nature and Antecedent of Middle Manager Resistance to Change: Evidence from an Italian Context," *The International Journal of Human Resource Management*, October 2005, pp. 1812 – 29; and D. G. Erwin and A. N. Garman, "Resistance to Organizational Change: Linking Research and Practice," *Leadership & Organization Development Journal*, vol. 31, no. 1, 2010, pp. 39 – 56.

真理 59

T. M. Amabile, "How to Kill Creativity," *Harvard Business Review*, September/October 1998, pp. 76 – 87; T. M. Amabile and C. M. Fisher, "Stimulating Creativity by Fueling Passion," in E. Locke (ed.), *Handbook of Principles of Organizational Behavior: Indispensable Knowledge for Evidence-Based Management*, 2nd ed. (Hoboken, NJ: Wiley, 2009), pp. 481 – 98;

J. Shah and B. Ali, "Organizational Climate: Stimulating Creativity and Idea Generation for Discovery of Innovative Solutions," *Interdisciplinary Journal of Contemporary Research in Business*, May 2011, pp. 429 – 47; L. Sun, Z. Zhang, J. Qi, and Z. X. Chen, "Empowerment and Creativity: A Cross-Level Investigation," *Leadership Quarterly*, vol. 23, 2012, pp. 55 – 65; S. M. Wechsler, C. Vendramini, and T. Oakland, "Thinking and Creative Styles: A Validity Study," *Creativity Research Journal*, April 2012, pp. 235 – 42; D. Boyd and J. Goldenberg, "Thinking Inside the Box," *Wall Street Journal*, June 15, 2013, p. C1; and J. Zhou and I. J. Hoever, "Research on Workplace Creativity: A Review and Redirection," in F. P. Morgeson (ed.), *Annual Review of Organizational Psychology and Organizational Behavior*, vol. 1 (Palo Alto, CA: Annual Reviews, 2014), pp. 333 – 59.

真理 60

D. R. Dalton, W. D. Todor, and D. M. Krackhardt, "Turnover Overstated: The Functional Taxonomy," *Academy of Management Review*, January 1982, pp. 117 – 23; M. Abelson and B. Baysinger, "Optimal and Dysfunctional Turnover: Towards an Organizational Level Model," *Academy of Management Review*, April 1984, pp. 331 – 41; J. R. Hollenbeck and C. R. Williams, "Turnover Functionality Versus Turnover Frequency: A Note on Work Attitudes and Organizational Effectiveness," *Journal of Applied Psychology*, November 1986, pp. 606 – 11; A. C. Glebeek and E. H. Bax, "Is High Employee Turnover Really Harmful? An Empirical Test Using Company Records," *Academy of Management Journal*, April 2004, pp. 277 – 86; and J. Wallace and K. P. Gaylor, "A Study of the Dysfunctional and Functional Aspects of Voluntary Employee Turnover," *S. A. M. Advanced Management Journal*, Summer 2012, pp. 27 – 36.

真理 61

D. M. Noer, *Healing the Wounds* (San Francisco, CA: Jossey-Bass, 1993);

S. P. Robbins, "Layoff-Survivor Sickness: A Missing Topic in Organizational Behavior," *Journal of Management Education*, February 1999, pp. 31 – 43; S. J. Wells, "Layoff Aftermath," *HR Magazine*, November 2008, pp. 37 – 41; A. K. Mishra, K. E. Mishra, and G. M. Spreitzer, "Downsizing the Company Without Downsizing Morale," *MIT Sloan Management Review*, Spring 2009, pp. 29 – 44; "Layoff'Survivor' Stress: How to Manage the Guilt and the Workload," *HR Focus*, August 2009, pp. 4 – 6; and D. K. Datta, J. P. Guthrie, D. Basuil, and A. Pandev, "Causes and Effects of Employee Downsizing: A Review and Synthesis," *Journal of Management*, January 2010, pp. 281 – 348.

真理 62

M. E. McGill, *American Business and Quick Fix* (New York: Henry Holt, 1988); B. M. Staw and L. D. Epstein, "What Bandwagons Bring: Effects of Popular Management Techniques on Corporate Performance, Reputation, and CEO Pay, "*Administrative Science Quarterly, September* 2000, pp. 523 – 56; B. Jackson, *Management Gurus and Management Fashions: A Dramatistic Inquiry* (London: Routledge, 2001); J. W. Gibson and D. V. Tesone, " Management Fads: Emergence, Evolution, and Implications for Managers, " *Academy of Management Executive*, November 2001, pp. 122 – 33; D. M. Rousseau and S. McCarthy, "Educating Managers from an Evidence-Based Perspective, " *Academy of Management Learning & Education*, March 2007, pp. 84 – 101.

原书第3版译后记

关于本书

罗宾斯的大名在中国管理学界是响当当的，他主编的教科书《管理学》和《组织行为学》十分畅销。然而他又不光是一个教材大作者，他的管理小品也畅销多年，其中就有《管人的真理》。

在本书开头那篇简短的序中，作者提到"我那些实践界的朋友们仍然习惯于批评纯粹的理论研究"。这句话我太熟悉了。八年前，我们将《管理学家》杂志的定位描述为"学术界和实践界的桥梁"，从那一刻起，我就不断听到类似的声音。一手的，来自企业界读者的抱怨；二手的，来自学术界作者的自嘲。更有趣的是来自"第三者"的，管理咨询界的朋友一方面会极度轻视学者的研究，认为他们闭门造车、自说自话；一方面又认为他们的企业客户只会蛮干、急需指点。如果说文人相轻有些酸，那么这里还有麻和辣。

罗宾斯认为造成这种状况的原因是"坊间缺乏一种简短的、不含术语却充满了真知灼见的人类行为学读物"。《管人的真理》可被视为他向实践界为管理学者"正名"的一次努力。

"简短"，他做到了，每篇文章都在千字上下；"不含术语"，他也近乎做到了，书中出现的少量术语都很容易理解，这都属于如何表达的范畴。美国HBR杂志的某位主编曾经说过，他们的工作就是让不会写文章的人的文章能被不爱看书的人看进去（有必要解释一下这个绕口令式的长句，他认为管理学者有观点而不善表达，企业家有需求但不愿读不好看的文章），显然，罗宾斯认为自己是会写文章的。关键在"真知灼见"，而且是人类行为的"真知灼见"。在自己的著作中说自己有"真知灼见"是不是有点儿自大啊？不是，罗宾斯相当勤奋，他所谓的真知灼见来自于他阅读过的三万余篇人类行为研究文献。全书中出现频率极高的字眼儿是"研究"和"证据"，而且还常常冠以"确定无疑的"之类的定语。当读到这些极具刚性的词语时，我可以想象出一幅照片，罗宾斯坐在一大堆布满眉批的复印资料上，对着镜头苦笑，似乎在说：这么多好东西！你们怎么能视而不见呢?！

罗宾斯的好东西表现在书名上就是"truth"（真理）这个词，由于本书的第 1 版中文简体字版就译为"真理"，这次的最新版（第 3 版）责任编辑建议沿用，我稍有不同意见，我认为译为"真相"或"事实"更妥当，"真理"太绝对了。当然，我理解出版界的激烈竞争背景，书名不够炫不行，许多好书就真的被它本分的书名给毁了。但我希望某些秉持科学精神的读者不会因此而误以为作者不够严谨。事实上，作者在本书中的确集中地贡献了大量极有价值的内容。就像近两百年来，科学不断地颠覆着人类的经验常识一样，本书中的大量洞见也在不断地颠覆着管理者坚信的那些经验常识。下面举一个例子。

招聘还是培训？我在前不久的一次朋友聚餐上，很自然地想到了这个例子。当时是在北京石景山万达广场的一家比较高端的餐馆，负责买单的朋友王君嫌上菜慢，我相信他是用比较中庸的不过分的态度来抱怨的，其表现出的修养与包间的高档装修环境基本相匹配。服务员的回答是，"行吧，我帮你催催，但快慢与否我是无法控制的"（这位倒是实在）。服务员的回答显然让王君受到打击，怒也不是忍也不是，同座各位也不想因此搅了兴致，有人就提议把这个当案例研究研究，由当事人转为旁观者，一下子就平复许多。另一位当事人也在一旁被迫听着案例研究，对这种公然的指桑骂槐实在忍不住了，也参与了研讨："你们别说什么培训啊、工资低啊，要想别人尊重你，你就得先尊重别人！"这下举座皆傻，刚才津津乐道的海底捞对照组们全都升入云霄。这些尖酸文人们已然被服务员降伏。

趁服务员大人暂时离场的工夫，我向大家介绍了罗宾斯著作中提到的美国西南航空的例子，西南航空高管认为培训不能改变人的个性，需要在招聘环节下足功夫，把性格不对路的人挡在公司门外。像民航空乘人员、销售店员、推销员和客服人员皆需要具有积极正向的性格才能做得更好，培训是无法创造积极快乐的员工的。西南航空只是孤证，研究证据是："一个人是否快乐，本质上取决于他们的基因结构。研究发现人们快乐与否，归因于基因的程度在35%~50%，甚至达到80%。"说到这里，并非意味着对性格不快乐者的歧视，他们可以像我们一样，更深入地研究案例。

这样的例子很多，像个性、智商、员工的代际差异等，本书提供了许多颠覆性的深刻洞见。然而，有很多结论是管理者在公开场合不情愿接受的，比如参与式管理，现在来看，这是个常识了。能够营造员工参与的氛围，几乎是"好"的管理者的一个标签，可是本书告诉我们，大量研究证据表明，员工参与决策并不能让这个决策更好，或者说并不比管理者独断更好，而只是有利于这个决策被接受。

我本人既是一名管理的观察者，也是一名管理者，在阅读原文、力图理解并转化为汉语的过程中，常常会将书中的洞见与自己的行为对照，检讨甚多。我真的希望更多的管理者能够仔细看看这本书。

关于译事

机械工业出版社的编辑李新妞女士希望我为本书找个合适的译者，粗粗看过原书，我说我本姓毛，单名一个遂，她就同意了。我的英语水准原本是不足以承担翻译工作的，但是在11年前，我的职责之大半就是给汉译管理学教科书译稿挑毛病，当时的口头禅是：不如换我自己干。旁边的前辈编辑马上会接一句：挑错容易，自己干不易。这次翻译的经历再次告诉我，前辈总是对的。

为了减少自己的工作量，同时提升翻译的专业水准，我邀请了西安交通大学管理学院的尚玉钒老师与我合作，她恰好教授罗宾斯"组织行为学"课程。我翻译序和前31篇文章，她翻译后28篇文章。

在翻译过程中，我得到了许多朋友的帮助。同事闫敏发现了几处重要的误译，在美国读书的李越帮我解决了一处俚语的含义，刘晓航贡献了一句更好的译文，给美国人打工的老友曹云立用不时的谬赞给我激励。罗宾斯经典教材《组织行为学》的中文译者，中国人民大学心理学系系主任孙健敏教授也提供了帮助。感谢他们。还要感谢家人的支持，她们给我放了两个半月的"学术假"。

最后一遍校阅时，仍然能发现不少的误译，我已经尽力完善。一定还有许多不足，敬祈读者朋友对翻译问题指正。我相信这本书一定会印刷很多次，这会方便我们在接下来的印次中修正。我的电子邮件是：muyunwu@163.com。

《管理学家》杂志　执行主编

慕云五

2013 年 5 月

原书第 4 版译后记

好书总会一版再版，而与时代变迁相关的管理类书籍的每一次再版，不是重排重印那样简单，一般都会增加许多新的内容。《管人的真理》也是这样。第 4 版的翻译终于完成了，尽管建立在第 3 版的基础上，但是工作并不轻松，修改更新之处很多。

与第 3 版相比，更新的内容大致有三类：第一类是全新增补或替换的文章，一共有七篇；第二类是补充或者替换了新的例子；第三类是文字语法上的修正。

第二类又分两种情况，一是更新的数据替换了老的数据，二是新的研究进展。组织行为学研究的魅力就在于此，由于人的行为是极难获得规律性的理论认识的，对于同一种行为的严肃研究，其结果常常会显得不那么严肃，颠覆性的结论在组织行为学中不仅常见，而且常常出现新的颠覆代替旧的颠覆。这在研究者看来，一定是极为有趣的。而在管理实践者看来，其研究结论也是很有参考价值的。我最近读到一本基因研究的书，其中提到了行为遗传学家的一些新发现。行为遗传学家和行为学家的不同之处在于，后者只需要弄清楚哪些人格特质在多大程度上与遗传因素相关，而前者得找到具体的基因位置才罢休。由此想到，组织行为学说不定会发展到医学的范畴，当《管人的真理》出版到 14 版的时候，管理者会建议不外向的员工服用一种基因改善的药物，从而大幅提升其绩效，不用培训、不用转岗。现在看来，这不过是个好的科幻题材，几十年以后还真的很难说。当然，罗宾斯教授一定要健康长寿，不断再版下去。

《管人的真理》第 3 版自出版以来，不断重印，销路很好，我手头的这本工作样书已经是第 10 次印刷了。有两个事例值得提一下。

通过朋友缪老师的介绍，我认识了诗人苏忠先生，他是世纪金源集团文化中心的总经理，几个月后我们聚谈，他很神秘地说要送给我一本书，接过来一看，是《管人的真理》，扉页上盖着印：世纪金源读书会。世纪金源很重视读书，每年都会挑选几本书供员工学习，而挑选过程是很严格而且慎重的。苏忠先生觉得送这本书有趣，恰恰在于他们挑选这本书的时候我们并不认识。据说，这一次集团购买就有数千册之多。当然，我认为这是很值得的一笔投入。

人合正道是一家规模很大的管理培训公司，其体验式沙盘培训在国内有很大影响力，我慕名旁听了一堂课，课间休息时，担任讲师的马先生告诉我，他们公司买了几十本《管人的真理》，分发给主要的讲师，而且他有时会在课堂上向学员推荐这本书。

作为译者，遇到这样的场合，自然是十分欣慰的，觉得自己的工作很有意义。

适逢新版即出，在 2013 年的"译后记"后，补充这几句话。再次感谢机械工业出版社的谢小梅女士、李新妞女士继续邀请我担任本书的翻译。尽管已经尽力，但是文字的错讹难免，责任在我，欢迎读者朋友们指正！

慕云五

2015 年 10 月 1 日于北京容介书院